AF325243

LISTE ALPHABÉTIQUE

DES

PERSONNAGES LORRAINS

Dont il existe des Dessins, Gravures et Lithographies.

SÈVRES. — IMPRIMERIE DE M. CERF.

LISTE ALPHABÉTIQUE

DES

PORTRAITS

DES

PERSONNAGES

NÉS DANS L'ANCIEN DUCHÉ DE LORRAINE,

CELUI DE BAR ET LE VERDUNOIS

dont il existe

DES DESSINS, GRAVURES ET LITHOGRAPHIES,

Avec l'indication du format et le nom des Artistes,

PAR

Soliman LIEUTAUD.

PARIS,

CHEZ L'AUTEUR, RUE DES MARAIS-SAINT-GERMAIN, 13,

ET CHEZ RAPILLY, MARCHAND D'ESTAMPES,

Successeur de LENOIR, Quai Malaquais, 5,

ET SIEURIN, MARCHAND D'ESTAMPES, RUE DE SEINE, 13.

1er Août 1852.

IMPRIMÉ A DEUX CENTS EXEMPLAIRES

Numéro   (C.)

AVERTISSEMENT.

—

Je donne la liste des portraits des personnages qui sont nés dans les départements de la Meurthe, Meuse et Vosges, ou l'ancien duché de Lorraine, celui de Bar et le Verdunois, et les localités distraites de ces provinces, pour faire partie des départements limitrophes, ou concédées à la Prusse.

J'ai fait précéder d'une courte notice biographique la description du portrait : fixer le lieu et date de naissance, le lieu et date de mort du personnage, indiquer ses titres et son état, voilà le cercle dans lequel je me suis circonscrit.

Un ouvrage du genre de celui-ci ne peut être le résultat que de longues recherches et du concours des amateurs. Désireux de le compléter, je viens les prier de me venir en aide, soit en me communiquant les gravures que je n'ai pas décrites, soit en m'indiquant le format et en copiant le texte qui s'y trouve ; je dois déjà au zèle ardent de M. de S.-FLORENT des notes bien précieuses. Qu'il reçoive ici l'expression de ma reconnaissance !

ij

Les portraits décrits se composent de dessins, gravures et lithographies.

Les dessins existent dans des établissements publics ; j'ai indiqué les bibliothèques où ils se trouvent. L'amateur, intéressé à posséder un personnage, peut obtenir la permission de le faire copier ; je n'ai pas fait mention de ceux possédés par des amateurs : ce qui est la propriété de l'un aujourd'hui, devient celle d'un autre le lendemain.

Parmi les portraits gravés, il y en a de fort rares.

Les lithographies remontant à une époque rapprochée, il est facile de se procurer celles mises dans le commerce ; celles faites pour des particuliers, et distribuées à des parents ou amis, sont rares.

En l'absence des portraits, j'ai décrit quelques faits historiques.

Pour la Maison de Lorraine, j'ai consulté la *Dissertation historique* de Dom CALMET, jointe aux gravures faites d'après S.-Urbain, et les *Tables généalogiques* du baron de ZURLAUBEN, dont j'ai suivi l'ordre chronologique pour les diverses branches sorties de cette Maison.

Le nombre des portraits de *François - Étienne* et de *Marie-Thérèse* est considérable. Je me suis borné à décrire ceux avec titre de duc et duchesse de Lorraine.

Une lacune reste pour compléter cette liste : c'est Metz et sa circonscription. J'avais l'intention d'en faire l'objet du supplément et d'y ajouter les documents recueillis pendant l'impression, et donner en appendice les notes qui vont me parvenir ; j'ai préféré renoncer au supplément, attendre les notes pour coordonner le tout dans une nouvelle édition. Consulter la liste, le supplément et l'appendice, c'eût été un inconvénient pour les amateurs.

Voici la liste des portraits messins qui doivent figurer dans la prochaine édition. Je prie de nouveau les amateurs de me faire parvenir le nom de ceux que je puis avoir omis.

ANCILLON (David et Charles); — ANTOINE; — BARBÉ-MARBOIS; — BUCH'OZ; — COLCHEN; — CUSTINES; — DEROBE; — DESHAYES; — DUPIN; — DURBACH; — EMERY; — FABERT, imprimeur; — FABERT, m^{al} de Fr.; — FERRY; — FIEUX, littérateur; — HUNOLSTEIN; — KELLERMANN fils; — KERCKHOVE; — les 2 LACRETELLE; LALLEMAND (g^{al}); —LALLEMAND, médecin; — LAMOTHE (Louis et Thierry); — LA ROUTE; — LASALLE (g^{al}); — LAVALLETTE; — LEGENRE; — LESCUYER; — LEZAY-MARNÉSIA; — LOUIS, médecin; — MEIO; — MEJANES; — MERCY (g^{al}); — MOLITOR; — Théodore NEUHOF, roi; —PILATRE DE ROZIER; — PLESSY, actrice; —POIRET; — RICHEPANSE (g^{al}); — ROEDERER; —ROLLAND; —ROUPERT, orfèvre; — SWEBACH, peintre; — Mme TASTU, poète; — THOMAS, musicien; — TOTAIN, dép.; — WOIRHAYE, dép.; — WOLTER, dép. 1789.

Les divers cabinets qui contiennent des estampes sur la Lorraine, sont, à NANCY, ceux de :

MM. BEAUPRÉ, conseiller à la cour d'appel ;

LA BIBLIOTHÈQUE de la ville ;

NOEL, notaire ;

DE SAINT-FLORENT, propriétaire.

Soyer-Willemet, bibliothécaire de la ville;

Thierry;

Et à VERDUN, spécialement sur le département,

MM. Ch. Buvignier, avocat;

Courtois.

ABRÉVIATIONS :

Ass.	assemblée.	Lég.	légion.
B. M.	bibliothèque Mazarine.	lieut.	lieutenant.
B. N.	— Nationale.	m.	meurt, mort, morte, mourut.
B. S. G.	— Ste-Geneviève.		
chev.	chevalier.	nat.	nationale.
com.	commandant, commandeur.	N.-D.	Notre-Dame.
		O.	ordre.
D. à d.	dirigé à droite.	p.	page.
D. à g.	— à gauche.	S^t.	saint.
Dép.	département, député.	S^{te}.	sainte.
gal.	galerie.	T.	tome.
gên.	général.	V.	volume.

Les autres abréviations sont assez connues pour n'en pas faire mention ici.

LISTE ALPHABÉTIQUE

PORTRAITS DE PERSONNAGES LORRAINS

DESSINÉS, GRAVÉS ET LITHOGRAPHIÉS.

A.

ADAM (JEAN-CHARLES), vice-président du directoire du district de Sarguemines, né le 26 octobre 1754, à Bouzonville, *Moselle,* député du département de la Moselle à l'Ass. législative de 1791.

Au physionotrace, profil à dr., in-18, au bas 2 lig.

ALCAN (MICHEL), ingénieur civil, professeur de chimie au Conservatoire des arts et métiers, député de l'Eure à l'Ass. constituante de 1848, né le 21 mai 1811, à Donnelai, *Meurthe.*

Lith. d'après nature par *Devéria,* in-4.

ALENÇON (CHARLES-MATHIAS, comte d'), député suppléant de la noblesse de Toul à l'Ass. nationale de 1789, né à Bar-sur-Ornain, *Meuse,* condamné à mort et exécuté à Paris, le 16 av. 1794 ; il avait remplacé à l'Ass. M. de Rennel, démissionnaire.

1. *Dessin* in-8, B. N.

2. *Labadye* del., *Courbe,* sc. in-8.

ALLAMONT (JEAN, seigneur d') et de Malandry, baron de Busy et ch. profès de St-Jacques, gentilhomme de la bouche du Roy cath., lieutenant de ses gardes allemandes, son gouverneur, capitaine et prévost de Montmédy. 1657 *Natalis* f. in-8.

ANJOU, v. René, duc de Lorraine.

ARNU (R. P. M. Nicolas), dominicain, professeur de métaphysique à Padoue, né le 11 sept. 1629 à Méraucourt, *Meuse*, mort à Padoue en 1692. Il entra chez les dominicains en 1645, professa la philosophie à Urgel, ensuite à Tarragone, fut nommé recteur en 1667, se rendit à Rome en 1674, nommé professeur à Padoue, en 1679.

M. *Desbois*, gall. *ad vivum*, f. in 8.

AUBRY (Jean-Baptiste), curé de Véel, né le 17 av. 1736, à Saint-Aubin, *Meuse*, député du clergé de Bar-le-Duc à l'Ass. nationale de 1789, nommé en 1791 évêque constitutionnel de la Meuse; démissionnaire en 1793, il entra dans la carrière administrative, y resta jusqu'au concordat, reprit ses anciennes fonctions, fut nommé curé de Commercy en 1809, mort presque subitement en 1813.

1. *Dessin* in-4. B. N.

2. *Gros* del. in-8, *dessin* B. N.

3. *Gros* del., *Courbe* sc. in-8.

AUGUSTIN (J.-B.-Jacques), peintre en miniature et sur émail, premier peintre en miniature du Louis XVIII, membre de la Lég.-d'Honneur, né le 15 août 1749, à Saint-Dié, *Vosges*, m. du choléra à Paris, le 13 av. 1832.

1. *Normand* fils sc. sur une feuille in-fol., profil à g. Tiré de sa tombe.

2. *Augustin* pinx, *Frémy* del. et sculp. In-8.

AVRANGE D'HAUGERANVILLE (François, comte d'), maréchal-de-camp, inspecteur de la 1re division militaire, chev. de St-Louis, membre de la Lég.-d'Honneur, né le 4 nov. 1745, à St-Avold, *Moselle*, m. le 29 oct. 1823.

Robert Lefèvre pinx., *Frémy* del. et sculp. In-8.

B.

BAR (La R. M. Catherine de), dite *Mechtilde* du Saint-Sacrement, religieuse bénédictine, institutrice de l'adoration perpétuelle du très St-Sacrement, première supérieure des religieuses du même Institut, née le 31 déc. 1614, à St-Dié, *Vosges*, m. à Paris, en son monastère du faubourg St-Germain, le 6 av. 1698, âgée de 84 ans.

1. C. *Courtin* pinxit, p. Drevet f. in-fol. *assise*.
2. Dans un *carré* in-4 D. a d.
3. Dans un *carré* in-4 D. à g. au bas 5 lig.
4. *Civil* sculp. In-8.
5. *Ovale* in-18. D. à dr., au bas 4 vers.
6. En *petit*. D. à dr., au bas 7 lig.

BARCLAY (JEAN), poète distingué, savant écrivain, né le 28 janv. 1582, à Pont-à-Mousson, *Meurthe*, m. à Rome, le 12 août 1621. Il était fils de Guillaume, professeur e droit à l'Université de Pont-à-Mousson.

1. *De Larmessin*, sculp. In-4.
2. C. *Mellan*, delin. et sculp. *Romæ*. In-4.
3. G. *Appelmans* sculp. In-8.
4. Dans *Boissard* ovale in-8, D. à dr.
5. Dans *Lorenzo Crasso*, octogone in 8 D. à dr.
6. *Heyde* sculp. In-8.
7. D. *Dumoutier* pinxit, C. *Mellan* sculp. In-8.
8. Copie in-8, avec les mêmes vers signés *Grotius*.
9. *Ovale* in-8, D. à dr, les noms en latin au tour, au bas les vers des Nᵒˢ 7 et 8.
10. *Ovale* seul. In-8, d. à g., au bas *Johan Barclaivs*.
11. Chez *Pasquier*. In-8.
12. A. *Salmᵃ* f. in-8.
13. *Bonnart* del., J. B. *Scotin* sculp. In-8.
14. Dans *Thomasini*, ovale in-8, d. à g., *Johannes Barclaivs*.
15. Petit *buste* dans le titre in-8, l'œil clairvoyant d'Euphormion.

BARRY, v. du Barry.

BASSOMPIERRE (FRANÇOIS DE), marquis d'Harouel, maréchal de France, colonel-général des Suisses et Grisons, fils de Christophe de Bassompierre et de Louise

Picart, né le 12 av. 1579, au château d'Harouel, près Nancy, *Meurthe*, fait maréchal en 1622, enfermé à la Bastille en 1631, par ordre de Richelieu, mis en liberté en 1643, m. le 12 oct. 1643, en Brie, dans une maison du duc de Vitry.

1. *Humblot* sculp. In-fol., d. à g.
2. M. *Lasne* del et sc. In-fol.
3. Delineavit et sculp. M. *Lasne*. In-fol.
4. Dans les *triomphes* de Louis-le-Juste. In-fol.
5. Chez *Daret*, 1652. In-4.
6. Chez E. *Desrochers*. In-8.
7. *A. D.* pinx., *J. D.* sculp. In-8.
8. J. *Lamsveld* fec. In 8.
9. Balt. *Moncornet* excud. In-8.
10. B. *Moncornet* excu. In-8, 4 vers.

Le seul aspect de ce prince me dit :

11. *Ovale* sans fonds, dans un carré in-8., D. à g., *François de Bassompierre*.
12. *Raveral*, 1839, lith. In-8.
13. *Lasne* del. *Landon* direx. In-18.
14. *Ovale* in-18. D. à dr., au bas 5 lig.
15. *Ovale* sans fonds, formé de 2 tailles. In-18, au bas, les vers du N. 10.
16. Procédé de A. *Colas*, en petit.
Portraits en pied ou à cheval.
17. Peint par *Alaux*, galer. de Versailles. In-4.
18. Dessiné par *Triquetti*, gravé par *Lefèvre*. In-4.
19. *Alaux* pinx., *Goutière* sc. In-8.
20. Copie au trait in-18 du N° 17.
21. Chez *Moncornet* In-4, à cheval.

BASSOMPIERRE (Louis de), évêque de Saintes, abbé de St-Volusien, de Foix et de St-Georges de Bocherville, premier aumônier du duc d'Orléans, fils naturel du précédent et de Marie de Balzac, m. à Paris, le 1er juil. 1676, enterré à St-Lazare.

Dessin à la pierre noire, B. N., aux évêques.

BASSOMPIERRE (Henriette de), sœur du maréchal, mariée, en 1602, à Timoléon d'Espinay de St-Luc, maréchal de France, morte en couches, en nov. 1609.

Dessin aux trois crayons. In fol., B. N., 1359, p. 86.

BASSOMPIERRE (Anne-François, marquis de) et de Bannerville, grand-écuyer de Lorraine, bailly de Vosges, général d'artillerie de l'empereur, fils de Georges-Africain de Bassompierre et d'Henriette de Tornielle, tué en duel, au mois de mai 1646, sans avoir été marié.

1. E. *Wideman* delin. et sculp. In-4.

2. *Ovale* sans fonds à coins. In-8, D. à d., les titres sur la bordure. *Baron.*

3. *Carré* in-18. D. à dr., au bas, 3 lig. latines.

BEAUVEAU (Franç.-Vin.-Marc de), prince de Craon, primat de Lorraine, protonotaire apostolique, etc., m. à Nancy le 17 juin 1742. Il était petit-fils du marquis Henri II.

Antonius *David* del. et pinx., roccus *Pazzi* sculp. Romæ. In-4.

BEAUVEAU (Marc de) et Craon, prince du saint empire romain, fut gouverneur du duc François de Lorraine (depuis empereur), et administrateur-général du duché de Toscane, frère du précédent, né en 1679, m. en 1754.

Gobert pinx.; L. *Cars* filius sculp. In-fol.

BEAUVEAU (Charles-Juste de), prince du saint empire, grand d'Espagne, chevalier des O. du roi, maréchal de France, capitaine des gardes-du-corps, ministre d'État, membre de l'Académie française, fils du précédent. Né en 1720 à Lunéville, *Meurthe*, m. le 21 mai 1793.

1. *Patas* sc. In-8, en pied : *habillement* du capitaine des gardes-du-corps.

2. Peint par M_me_ *Bruyère*, Versailles. In-8.

BÉBÉ (Nicolas Ferry dit), nain de Stanislas, roi de Pologne, né le 14 nov. 1741, à Plaines, *Vosges*, m. à Lunéville, le 9 mai 1764, enterré aux Minimes de cette ville.

1. Chez *Danizy*, in-fol., en pied sur son tombeau.

2. Musée de *Versailles*, n° 2642, in-8.

BÉBÉ *(Mme)*, âgée de 73 ans, taille de 32 pouces, fiancée au nain du roi de Pologne en 1761, et sa sœur âgée de 75 ans, taille de 39 pouces, nées dans les Vosges.

Lithog^{ie} de C. *Motte*, in-fol.

BÉCHAUD (François), official de Dourdan, grand-vicaire de Chartres, député du clergé du Bailliage de Dourdan à l'Ass. nationale de 1789, né le 17 fév. à Chaumont-la-Ville, *Haute-Marne*.

Labadye del., in-8, dessin B. N.

BELLAVÈNE (Jac. Nic.), baron, général de Division, com. de la Légion d'Honneur, né le 20 oct. 1770, à Verdun *Meuse*, m. le 8 fév. 1826 au Roussay, *Seine-et-Oise*.

Thorelle, del., lith. in-8°.

BENOIT (Joseph-Sigisbert), ancien pharmacien à Paris, chev. de la Lég.-d'Honneur, né le 21 oct. 1752, à Nancy, *Meurthe*, m. à Paris en 1845.

Lith. p. *Christophe*, à Nancy. In-8.

BERAIN (Jean), dessinateur du roi, né à St-Mihiel, *Meuse*, m. à Paris le 24 janv. 1711.

J. *Vivien* pinx., cl. *Duflos* sculp. 1709. In-fol., à des épreuves postérieures. Susanna *Silvestre*, effigie sculp. 1711.

BERARD (Pierre-Clément), littérateur, né en 1796, à Stenay, *Meuse*.

1. Lith. *Delaporte*. In-fol.

2. *Carrière* 1832. Lith. in-4.

3. Lith. de *Fonrouge*. In-fol. *assis.*

BERTRAND (J.-L.-Hyppolite), élève de l'école gratuite élémentaire, âgé de 11 ans, né à Longuyon, *Moselle*, apperçut le 7 sept. 1826 une femme qui venait de tomber dans la Seine et de disparaître sous l'eau, il vole à son secours, plonge par trois fois dans une profondeur de 5 mètres 1/2 et parvient à la retirer vivante.

Lith. de *Bernard*. In-fol.

BERVANGER (Martin de), prêtre, directeur de l'association de St-Nicolas, né le 15 mai 1795, à Sarrelouis.

Tailland sc. In-8.

BOMBELLES (MARC-MARIE, marquis de), évêque d'A-miens, 1er aumônier de S. A. R. mad. Duchesse de Berry, né le 8 oct. 1793 à Bitche, *Moselle,* m. à Paris le 5 mars 1822.

Ed. *Pingret* lith. In-fol.

BONAVENTURE (NICOLAS), baron de l'empire, off. de la Lég.-d'Honneur, président du tribunal criminel de Bruxelles, député de la Dyle au conseil des 500 en 1797, né le 7 oct. 1751 à Thionville, *Moselle.*

Eau forte dans un carré in-8. D. à dr

BOUFFLERS (STANISLAS, chevalier puis marquis de), poète, membre de l'Institut et de la Lég.-d Honneur, né le 30 mars 1736 à Nancy, *Meurthe,* m. à Paris le 18 janvier 1815. Grand bailly d'épée de Nancy avant la révolution, maréchal-de-camp en 1782, gouverneur de Gorée, Sénégal et dépendances en 1788, il était abbé commendataire de l'abbaye de Longeville depuis 1762, de Belchamp depuis 17.., il fut député de la noblesse de Nancy à l'Ass. natio-nale de 1789, reçu à l'Institut en 1804.

1. Jul. *Boilly* lith. In-fol.
2. *Maurin* lith. In-fol.
3. H. *Garnier* lith. In-4.
4. I. Lith. de *Delpech.* In-8.
5. *Eau forte,* in-8, d. à dr. Au bas, *Boufflers.*
6. *Deveria* del., *Ethiou* sc. In-8.
7. Hilaire *Ledru* del., *Gaucher* direx. In-8.
8. M. Lith. in-8. D. à g., au bas 4 lig.
9. *Mougeot* sculp. In-8.
10. *Sur bois,* in-8. D. à g.
11. Hilaire *Ledru* del., A. *Delvaux* sc. In-18.
12. *Deveria* del., *Fauchery* sculp. In-18.

BOULAY (ANT.-JAC.-CLA.-JOS.), avocat, ministre d'État, grand-croix de la Lég.-d'Honneur, ministre de la justice sous le gouvernement provisoire, député de la Meurthe aux

500 en l'an V et en 1815, né le 19 fév. 1761 à Chamousey, *Vosges*, m. à Paris le 2 février 1840.

Lith. in-8, *profil* à dr.

BOURCIER (FRANC.-ANT.-LOUIS), comte, général de division, conseiller d'État, grand off. de la Lég.-d'Honneur, chev. de St-Louis, né le 23 fév. 1760 à la Petite-Pierre, *Bas-Rhin*, m. en 1828 en son château de Vil-en-Val, près Pont-à-Mousson.

Chez l'*auteur*, rue de Touraine, in-8.

BOURDON (R. mère ROSE), dernière religieuse dominicaine du monastère de Vic, m. le 10 avril 1842, à 94 ans.

Lith de L *Christophe*, à Nancy. In-8.

BRAUX (AUGUSTE), agronome, ancien avocat, né le 8 juin 1796 à Ramberviller, *Vosges*, député de ce départ. à l'Ass. constituante de 1848.

Lith. d'après nature, par Soulange *Teissier*. In-4.

BRÉCY V. ROCHELLE.

BRICE (Jos.-NIC.-NOEL), général de brigade, né le 24 déc. 1783 à Lorquin, *Meurthe*, m. à Nancy le 3 fév. 1851.

Thorelle d'après *Pauquet* lith. in-fol.

BROUSSE (MATHIAS-PIERRE), curé de Volkrange, né le 27 sept. 1735 à Thionville, *Moselle*, député du clergé du Baillage de Metz à l'Ass. nationale de 1789.

1. *Dessin* in-8., B. N.

2. *Turlure* del., *Voyez* sc. In-8.

BROUSSIER (JEAN-BAP.), comte, général de division, com. de la Lég.-d'Honneur, né le 10 mars 1766 à Ville-sur-Saulx, *Meuse*, m. d'apoplexie foudroyante à Bar-le-Duc, le 13 déc. 1814.

L. *Lafitte* del., *Couché* fils sculp. 1805, vignette avec texte. In-4.

BUFFET (LOUIS-JOS.), avocat à Nancy, né le 26 oct. 1818 à Mirecourt, *Vosges*, député des Vosges à l'Ass. constituante de 1848 puis à la législation, ministre de l'agriculture et du commerce en 1851.

1. Edmond *Sewrin* lith. In-fol.

2. Lith. d'ap. nat., par A. *Maurin*. In 4.

3. H. D. *Caricature*.

BUQUET (LOUIS-LÉOPOLD), baron de l'empire, général de brigade, com. de la Lég.-d'Honneur; chev. de St-Louis, né le 5 mai 1768 à Charmes-sur-Moselle, *Vosges*, entré au service en 1791, m. à Nancy le 25 avril 1835.

Thorelle del. et lith. in-8 en pied.

BURGUÈ (   ), D. M. oculiste, à Sauville par Bulgnéville, *Vosges*.

Éd^{ard} *Demange* lith. In-fol.

BUVIGNIER (EUSÈBE-ISIDORE), avocat, député de la Meuse à l'Ass. constituante de 1848, né le 3 avril 1812 à Verdun, *Meuse*.

1. Lith. d'après nature, par *Devéria*. In-4.

2. M. *sur bois* avec texte, In-fol., propagande démocratique et sociale.

3. H. D. *Caricature*.

C.

CALLOT (JACQUES), dessinateur et graveur à l'eau forte, né en 1594 à Nancy, *Meurthe*, m. à Nancy le 23 mars 1635.

1. *Bosse* fecit, in-fol.

2. Victor de *Bouillé* d'après *Van-Dyck* lith. In-fol.

3. Jac. *Lubin* sculp. In-fol.

4. Gio. Dom. *Campiglia* del., p. Ant. *Pazzi* sc. In-fol.

5. Ant. *Van-Dyck* pinxit, L. *Vosterman* sc. In-fol.

6. J. *Callot* dip. A. *Tricca* dis. R. *Bedetti* inc. in-4.

7. Raphaël *Custodis* f. In-4.

8. M. *Lasne* delineavit et fecit. In-4. D. à dr.

9. M. *Lasne* delineavit et fecit 1629 œt. 36. In-4.

10. *Legrand* lith. In-4.

11. M. *Lasne* delin., A. *Loemans* sculpsit. In-4.

12. *Desrochers* ex. In-8.

13. *Ferdinand* sculp. In-8.

14. *Moncornet* excu. In-8. Au bas 4 vers latins.

15. Chez *Odieuvre*. In-8.

16. Ant. *Van-Dyck* pinx., F. *Polanzani* sculp. In-8.

17. D'après *Van-Dyck*, suite de *Pujol*, au trait in-8.

18. *Sur bois*, in-8 à claire-voie. D. à dr. *Callot*.

19. *Tête* au pointillé, D. à g. *James Callot*.

20. *Colin* in-18 oblong, pour son éloge, Bruxelles 1766.

21. A. *Van-Dyck* pinx, *Landon* direx. In-18.

22. Dessiné par *Jacquand*, gravé par A. *Boilly*. In-4. *Assis*.

CALMET (Antoine, en religion, dom Augustin), savant bénédictin de la congrégation de St-Vannes, abbé de Sénones, né en 1672 à Mesnil-la-Horgne, *Meuse*, m. en son abbaye de Sénones le 25 oct. 1757.

1. Gravé par Séb. *Antoine*, à Nancy, 1729. In-fol.

2. Carlo *Antonini* sculp. In-4.

3. *Ovale*, in-4. D. à dr., les noms sur la bordure, au bas 8 vers.

5. *Fontaine* pinx. 1716, N. *Pitau* sculp. In-4.

5. J.-M.-B. (*Bernigeroth*) sc. In-8.; *buste*.

6. *Desrochers*. In-8.; *buste*.

CANGE (Joseph), commissionnaire de la prison de St-Lazare, puis employé dans les bureaux de l'instruction publique, né en 1753, à Saarbourg, *Meurthe*, m. à Paris en l'an V.

1. Peint d'après nature par *Legrand*, gravé par *Beljambe*. In-4.

2. F. *Bonneville* del.; J. B. *Compagnie* sculp. In-8.

CHADENET (Félix-Jean-Bapt.), avocat à Verdun, député de la Meuse à l'Ass. constituante de 1848, né en 1798 à Verdun, *Meuse*.

1. *Lemaire* lith. In-fol.

2. Lith. d'après nature par Soulange, *Teissier*, in-4.

CHAMON (Ant.-Jac. de), évêque de St-Claude, né le 27 juil. 1767, à Bulgnéville, *Vosges*, m. à St-Claude, le 12 juin 1851.

Tailland sc. In-18.

CHAMPY (Pierre), propriétaire et maître de forges, ancien colonel de la garde nationale de Strasbourg, député du Bas-Rhin à l'Ass. constituante de 1848, né en 1793, à Framont, *Vosges*.

1. Dessiné par *Brocas*, lith. par *Maurin*. In-fol.

2. Lith. d'après nature par Marin *Lavigne*. In-4.

CHARLOTTE de la Croix (La vén. Mère), prem. religieuse et supérieure du monastère de Verdun et de la Congrégation de N.-D., qu'elle a commencé en 1608, sur l'O. du P. Pierre Fourrier, dit de Mataincour, fondateur de ladite Congrégation, m. le 5 janv. 1676, âgée de 84 ans.

E. *Gantrel*, f. in-8.

CHARON (Mengin-Char.), ancien notaire à Nancy, député de la Meurthe à l'Ass. constituante de 1848, né le 30 mars 1798, à Ludres, *Meurthe*.

Lith. d'après nature par E. *David*. In-4.

CHASTELET, v. Du Chastelet.

CHATRIAN (Laurent), curé de St-Clément, paroisse de Vic, né le 4 mars 1732, à Lunéville, *Meurthe*; député du clergé du bailliage de Vic et Toul à l'Ass. nationale de 1789. m. à Lunéville, le 24 août 1814.

1. *Dessin* in-8. B. N.

2. *Perrin* del., *Letellier* sc. In-8.

CHÉVERT (François de), lieut.-général, commandeur grand'croix de l'O. de St-Louis, né le 21 fév. 1695, à Verdun, *Meuse*, m. à Paris le 24 janv. 1769.

1. Peint par *Hischbein* en 1762; gravé par *Le Charpentier*. In-fol.

2. *Hischbein* pinxit, gaut. *Dagoty* sculp. In-fol.

3. *Hischbein* pinx. *Poletnich* sculps. In-fol.

4. *Normand* fils del. et sc., avec texte. In-fol.

5. Publié par *Palloy*. In-fol.

6. *Maurin* del., lith. In-4.

7. *Sergent* del. 1789; *Ridé* sculp. In-4.

8. Vin. *Vangelisty* sculp., 1776. In-4.

9. *Cochin* fil. del., C. H. *Watelet* sc., 1763. In-4.

10. *Hischbein* pinx., *Barbié* sculp. In-8.

11. *Sergent* del.; *Landon* direx. In-18 8.

Portraits en pied.

12. *Larivière* del.; *Geille* sc. In-4.

13. F. *Liénard* del.; *Thorelle*, lith. In-8

14. Verdun, lith. de *Lippmann*, statue.

CHRISTOPHE (JOSEPH), peintre et recteur de l'Acad. roy. de peinture, né en 1664, à Verdun, *Meuse*, m. à Paris en 1748.

Peint par *Drouais*, gravé par Louis *Surugue* en 1735. In fol.

CLÉMENT D'AFFINCOURT (PIERRE), ingénieur du roi, directeur des fortifications des places maritimes de Flandre, né en 1752, à Toul, *Meurthe*, m. à Dunkerque, le 21 mars 1804.

Hyac. *Rigault* pinxit, 1693; J. *Audran* sculpsit, 1706. In-fol.

CLERMONT-TONNERRE (STANISLAS, comte de), petit-fils du maréchal de ce nom, né le 10 oct. 1757, à Pont-à-Mousson, *Meurthe*, député de la noblesse de Paris, à l'Ass nationale de 1789, massacré à Paris le 10 août 1792.

1. *Dessin* in-8, B. N.

2. Chez *Sergent* et chez *Levachez*. In-4.

3. F. *Bonneville* del., sculp. In-8.

4. Dessiné par *Lecamus*, gravé par A. *Clément*. In-8.

5. Dessiné par J. *Guérin*, gravé par *Fiesinger*. In-8.

6. *Mariage* del et sculp. In-8.

7. *Profil* à dr. In-8, sur la tablette 2 lig.

8. *Profil* à dr. In-8, sur la tablette 3 lig.

9. *Profil* à dr. In-8, dans un ovale au pointillé.

10. *Profil* à g., lith. In-8, au bas 3 lig.

11. *Profil* à g., sur la tablette teintée 2 lig.

12. *Profil* à g., sur la tablette blanche 2 lig.

13. D...p., *vérité*, sculp. In-8.

14. D...p., *vérité*, sculp. In-8, avec différence dans le texte et le costume.

15. *Moreau* del., *Voyez* sculp. In-8.

16. J.-F. *Bolt* sc., 1794. In-18.

17. Chez *Lecœur* et chez *Basset*. In-18.

18. *Profil* à dr. In-18, au bas 2 lig.

19. Dess. p. *Quenedey*. In-18, lettre C. 63.

20. Chez *Chereau*. In-4, en pied.

COEUR DE ROY (   ), de Nancy.

Dessiné et gravé par Quenedey ; in-18, lettre m., 96.

COLSON (JEAN), curé de Nitting, né le 25 oct. 1734, à Manoncourt-sur-Seille, *Meurthe*, député du clergé au bailliage de Sarreguemines, à l'Ass. nationale de 1789.

1. *Sandoz* fecit. In-4, *dessin* B. N.

2. *Labadye* del. In-8, *dessin* B. N.

3. *Labadye* del. *Voyez Jor* sc. In-8.

COSTER (SIGISBERT-ÉTIENNE), docteur en théologie, licencié en droit canonique et civil, chanoine et archidiacre de l'église de Verdun, vice-officier et syndic du diocèse, député du clergé du bailliage de Verdun à l'Ass. nationale de 1789. Forcé de quitter la France en 1792, il se rendit à Rome, y rencontra l'abbé Maury, qui le nomma professeur de théologie au collége de Monte-Fiascone, dont il était évêque, professa jusqu'au concordat, revint à Nancy, fut nommé chanoine, directeur de la maison des orphelines et aumônier de l'hopital militaire, né le 4 av. 1734, à Nancy, *Meurthe*, m. à Nancy, le 23 octobre 1825, doyen du Chapitre.

1. *Dessin*. In-8, B. N.

2 *Godefroy* del.; *Massard* sc. reg. direxit. In-8.

COSTER S.-VICTOR (JEAN-BAP.), ancien militaire, âgé de 33 ans, né à Epinal, *Vosges*, condamné à mort le 1o juin 1804, comme ayant pris part à la conspiration de Georges Cadoudal, contre Napoléon, exécuté le 24 du même mois.

Dumontier del., *Gautier* sculp. In-8.

COUR (DIDIER DE LA) V. de la cour.

COURTOIS (ALEXAN.-NIC.), avocat, littérateur, membre de diverses académies et sociétés savantes, né le 24 nov.

1758 à Longuion, *Moselle*, nommé juge au tribunal de Longuion en 1793, arrêté peu après, conduit à Paris, mis en jugement, condamné à mort et exécuté le 12 janv. 1794.

Michaud f. In-18.

D.

D'ADELSWARD (Oscar), cap. d'état-major, né le 18 déc. 1811 à Longwy, *Moselle*, d'un père suédois, député de la Meurthe à l'Ass. constituante de 1848 et à la législative.

Dessiné d'après nature par *Léveillé* lith. In-4.

DAHLMANN (Nicolas), gén. de brigade, off. de la Lég.-d'Honneur, né le 7 nov. 1769, à Thionville, *Moselle*, blessé le 8 fév. 1807 à la bataille d'Eylau, m. le 16 des suites de ses blessures.

Grégorius pinx., *Frémy* del. et sculp. In-8.

DAINTEVILLE, v. Dinteville.

DEBRAUX (Émile), chansonnier, né à Ancerville, *Meuse*, m. à Paris le 12 février 1831, à l'âge de 36 ans.

1. Elisa *Hocquart* sculp. In-18.

2. *Lejeune* sculp. en petit sur une feuille in-18, avec *Béranger, Désaugiers*, Armand *Gouffé* et *Piron*.

DEDON (Franc.-Louis), lieut.-général d'artillerie, com. de la Lég.-d'Honneur, chevalier de S.-Louis, né le 11 oct. 1762, à Toul, *Meurthe*, m. à Vanves, près Paris, le 19 janv. 1830.

Dess. au physionotrace et gravé par *Quenedey*. In-8.

DE LA COUR (Didier), *desiderius à curia*, bénédictin, prieur de S.-Vannes, né en 1550 à Monzeville, *Meuse*, devenu prieur de S.-Vannes il y introduisit la réforme et à S.-Hydulphe, m. dans l'abbaye de St-Vannes le 14 nov. 1623, à l'âge de 72 ans.

1. J. *Picart* delin et f. In-4.

2. Dans un *ovale*, in-4, d. à g. Sur la tablette 6 lig.

3. *De la Gardette* sculp. In-8.

4. L. *Gaultier* incidit 1624. In-18.

DE LA COUR (Nic.), seigneur de Ville-sur-Iron, de la Ville-au-Pré, de Warise, etc., maréchal-de-camp, directeur du génie à Bayonne et des places fortes de la Guienne, chev. de S. Louis, né en 164., m. à Bayonne en août 1713.

Thorelle del., lith. in-8, en pied.

DELEAU (Nic.), docteur en médecine, né le 20 av. 1797, à Vézélise, *Meurthe*.

A. *Lacauchie* lith. In-8.

DELILLE (N., femme du célèbre poète), née à S.-Diey *Vosges*, m àParis e n 1831.

Peint par Pierre *Danloux*, gravé par *Laugier* 1815, in-fol. assise, écrivant des vers inspirés à son mari.

DELISLE (Claude), géographe, historien et censeur royal, né le 5 nov. 1644 à Vaucouleurs, *Meuse*, m. à Paris, le 2 mai 1720.

1 p. c. q. f. in-4 au bas 2 lig. et 7 vers.

2 *n.* pinx., *Landon* direx, in-18-8.

DERIVAUX (Achille), maréchal de camp, off. de la Lég.-d'Honneur, né le 23 mars 1776 à Senones, *Vosges* m. à Nancy, le 6 sept. 1843.

Thorelle, del. lith. in-8 en pied.

DESSAUX (Charles), ancien avocat, député de la Meuse à l'Ass. constituante de 1848, né en 1795.

Fischer lith. in-fol.

DIDION (Barbe-Franç.-Mad.), commerçante en broderies, née à Nancy, *Meurthe*, le 6 août 1798, m. à Nancy, le 7 janv. 1836, institua la ville de Nancy sa légataire universelle pour y fonder des établissements de bienfaisance.

Durupt pinx., *Blanchard* sculp. In-8.

DIEUDONNÉ (Christophe), préfet du dép. du Nord, né en 1757 à S.-Dié, *Vosges*, homme de loi dans cette ville, administrateur du dép. des Vosges en 1790, député des Vosges à l'Ass. législative de 1791, chef de division au ministère de l'intérieur après la session, député au conseil des Anciens en 1798; sous le consulat il reprit sa place au

ministère de l'intérieur, peu après il entra au tribuna.
fut nommé préfet du Nord en 1801, m. à Lille le 22 février 1305.

Gravé d'après le dessin d'Hilaire *Ledru*, par *Momal*
In-fol. major.

DIEULIN (Jean-Sébast.), abbé, vic. gén. du diocèse de
Nancy, né le 27 sept. 1794 à Xures, *Meurthe*, m. à Nancy, le
14 mars 1847.

L'abbé *Lange* del., lith. in-8.

DINTEVILLE (Rrnée de), et non *Dainteville*, fille de
Jean, seig. de Dinteville et de Gabrielle de Stainville,
nommée abbesse de Mirecourt avant 1563, m. avant 1581.

A genoux, in-8, dans la notice de la Lorraine de dom
Calmet, sur une feuille in-fol.

DOMBASLE, V. Mathieu.

DOUBLAT (Auguste), négociant, membre du conseil
général des Vosges, né le 7 nov. 1800, à Épinal, *Vosges*,
député de S.-Dié en 1834, du dép. des Vosges à l'Ass.
constituante de 1848.

Lith. d'après nature par *Llanta*. In-4.

DROUOT (Antoine), pair, lieut.-général d'artillerie,
gr.-cr. de la Lég.-d'Honneur, né le 11 janv. 1774, à Nancy,
Meurthe, m. à Nancy, le 21 mars 1847.

Portraits in-fol.

1. Lith. de H. *Brunet*.
2. W. D. d. s., chez *Demaison*.
3. *Lefèvre* lith.
4. *Singry* pinxit, lith. de *Lordereaux*.
5. *Alexandrine* p. lith.
6. p. A. T. lith.

Portraits in-4.

7. *Singry* pinx., *Boffelman* sculp^t.
8. H. *Garnier* lith.
9. *Meyer* del., d. à dr.
10. *Sur bois* dans un carré. D. à g. au bas 2 lig.
11. *Rive*, d'après H. *Vernet* lith.

Portraits in 8.

12. Jul. *Boilly* del., Alph. *Boilly* sc.

13. Eau forte. D. à g., le g^{al} c^{te} *Drouot*.

14. Dessiné d'après nature par F***. D. à g.

15. *Fauchery* del., gravure.

16. *Forestier* sculp.

17. Publié à Genève, gravure.

18. Chez *Nouvion* lith.

19. Profil à g. Au bas : *Drouot*.

Portraits in-18.

20. Dans la *France* pittoresque.

Portraits en pied.

21. *Aubry* pinxit, *Charon* sculpsit. In-fol.

22. Chez *Esbrard*. In-fol.

23. V. *Adam* del., lith. in-fol.

Portraits à cheval.

24. Chez *Genty*. In-fol.

25. Fabrique de *Pélerin*, à Épinal. In fol.

Du BARRY (M. J. Gomart de Vaubernier, comtesse), maîtresse de Louis XV, née en 1744 à Vaucouleurs, *Meuse*, décapitée à Paris le 6 déc. 1793.

1. Peint par *Drouais*, gravé par *Beauvarlet*. In-fol.

2. Peint et gravé en couleur par J.-B.-A.-N. *Gautier-Dagoty* fils aîné, in-fol.

3. H. *Grevedon*, 1830, lith. in-fol.

4. *Drouais* pinx^t, T. Watson fecit in f. *Mme de Barré*.

5. Chez *Esnault* et *Rapilly*, ou chez *Duchaine* et chez *Bligny*. In-4.

6. Gravé par *Oudaille*. In-4, gal. de Versailles, 2666.

7. Gravé par Louis *Bonnet*, 1769. In-8.

8. F. *Bonneville* del. In-8.

9. *Bovinet* sculp. In-8.

10. R. *Cosway* pinx., J. *Condé* sculp. In-8.

11. Lith. de *Delpech*. In-8.

12. Peint par *Drouais*, gravé par Ch. *Gaucher*. In 8.

13. L. *Legrand* sculp. In-8.

14. *Ovale* in-8. D. à g., type du n° 1, *m. la comtesse du | Bary*.

15. *Ovale* in-18. D. à dr., copie du n° 5 *madame la comtesse | du Barry*.

16. *Ovale* in-8. D. à dr., copie du n° 5 *madame la comtesse | du Bary*.

17. *Ovale* in-18. D. à g., copie du n° 5 *madame la comtesse | du Barry*.

18. *Drouais* pinx., *Bertonnier* sc. In-18, avec entourage in-8, ou avec texte in-4.

19. *Ovale* in-18. D. à g., type du n° 13, *madame la comtesse | du Barry*.

20. Lith. *Delarue*. In-fol. en pied.

21. E. *Charpentier* pinx., sur bois in-8, en pied.

MAISON DU CHASTELET ou CHATELET.

Du CHATELET (Ferry), mort après 1292, enterré aux Cordeliers de Neufchâteau.

A. *Aveline* sculp. In-fol. sur son mausolée, p. 20.

Du CHATELET (Liébaut, seigneur), chevalier, m. en 1400, enterré dans l'église des Cordeliers de Neufchâteau.

Sur son tombeau. In-fol. *Calmet*, page 30.

Du CHATELET (Erard, écuyer, seigneur), m. le 12 déc. 1429.

Sur son tombeau. In-fol. *Calmet*, p. **31**.

Du CHATELET (Regnaud, chevalier, seigneur) et de Deuilly, m. le 22 mars 1429, et Jeanne de Chauffour, son épouse, m. en 1455.

Sur leur tombeau In-fol. *Calmet*, page 39.

Du CHATELET (Erard, chevalier, seigneur), Deuilly et Bulgneville, maréchal de Lorraine, m. le 18 août 1459, enterré aux Cordeliers de Neufchâteau.

Sur son tombeau. In-fol. *Calmet*, page 48.

Marguerite de GRANCEY, dame du *Châtelet* et des *Chesnés*, sa femme, m. le 25 oct. 1466, enterrée près de son mari.

Sur son tombeau. In-fol. *Calmet*, page 48.

Du CHATELET (Pierre), seigneur de Deuilly, Bulgneville et autres lieux , chevalier banneret et chef des armées , fils du précédent et d'Alix de Cirey, sa première
femme, m. au mois de déc. 1482, enterré dans la chapelle
de Bulgneville.

2. Sur son tombeau. In-fol. *Calmet*, page 55.

2. D'après une peinture ancienne à genoux. In-fol. p. 56.

BRANCHE DE DEUILLY.

Du CHATELET (Huet), chevalier, baron de Deuilly,
et Jeanne de Cicon, sa deuxième femme, enterrés dans l'é-
glise des Cordeliers de Tons.

Humblot del., *Ravenet* sculp. In-fol. sur leur tombe.

Du CHATELET (Grégoire), chevalier et seigneur de
Bonnet, de Chatillon et autres lieux, fils du précédent et
de Guillemette d'Amoncourt, sa troisième femme, m. avant
1584, enterré dans l'église de Thons.

A. *Humblot* del., A. *Aveline* sculp. In-fol. sur sa tombe.

Du CHATELET (Anne) , chanoine, puis grand archidiacre de Langres, successivement grand-vicaire du cardinal de Gondy et de Charles d'Escars, fut aumônier du roi,
abbé commendataire de Flabémont, Beaulieu et Clairlieu ;
frère du précédent, m. en 1590.

Ravenet sculp. In-fol, *Calmet*, page 72.

Du CHATELET (Pierre), chevalier, baron de Deuilly,
seigneur du Châtelet, de Bulgneville, etc., bailly de Nancy,
fils de Huet du Châtelet et de Madeleine de Wisse, sa première femme, m. le 23 d'août 1556.

Ravenet sculp. In-fol. à genoux. *Calmet*, page 75.

BRANCHE DES CONTES DE LOMONT.

Du CHATELET (Laurent-Claude, marquis), comte de
Lomond , maréchal-de-camp, grand bailly d'Auxois.

Gabrielle-Émilie Le Tonnellier de Breteuil, sa femme,
dame illustre par son esprit et son savoir, fille de Louis-Nic.
Le Tonnellier de Breteuil, baron de Preuilly, introducteur
des ambassadeurs, et de Gabrielle-Anne de Froullay, née à

Paris, en 1706, mariée le 20 juin 1725, m. à Lunéville, le 10 sept. 1749.

1. *Nattier* pinxit. J. J. *Haid* fecit in-fol.

2. N. H. *Jacob* del., lith. In-fol.

3. *Monnet* del., *Lempereur* sculp. In-fol.

4. H. *Grevedon* lith. in-4, d'après *Drouais*.

5. Lith. de Langlumé. In-4.

6. *Lebee* del., lith. in-4.

7. Peint Mariane *Loir*, gravé par *Macret*, in-4.

8. Peint par Mlle *Loir*, *Petit* 1751, in-4.

9. *Monnet* del., *Angus* sculp. In-8.

10. J.-M.-B. (*Bernigeroth*) sc. In-8.

11. Lith. de *Delpech* in-8.

12. M. A. *Loir* pinxt., R. *Delvaux* sculp. In-8.

13. Et. *Fessard* sculp. In-8.

14. Printed for J. *Hinton*, in-8.

15. Peint par Marie-Anne *Loir* et gravé par P.-J. *Langlois* 1786, in-8.

16. Chez *Petit* ou chez *Daumont*, in-8.

17. Chez *Petit*, tête différente.

18. Lith. de *Villain*, in-8.

19. *Loir* pinxit. *Forssell* sculpt. In-18.

20. Mlle *Loir* pinx^t *Landon* direx. In-18.

21. Lith. in-8, *en pied*, au bas 3 lig.

Du CHATELET (Louis-Marie-Florent, duc), d'Haraucourt, chev. des O. du roi, lieut.-général, colonel du rég. des gardes françaises, ancien ambassadeur à Vienne et à Londres, gouverneur-général du Toulois, fils des deux précédents, né le 20 nov. 1727, à Semur, *Côte-d'Or*, député à l'Ass. des notables en 1787, de la noblesse de Bar-le-Duc à l'Ass. nationale de 1789, condamné à m. et exécuté à Paris, le 22 nov. 1793.

1. *Labadye* del., in-8, dessin B. N.

2. A Paris, chez *Dejabin*, profil à g. in-8.

BRANCHE DE PIERREFITTE.

Du CHATELET (Philibert, chevalier, baron), et de

St-Amand, seig. de Sorcy, Pierrefitte, etc., conseiller et chambellan du duc de Lorraine, sénéchal du Barrois, bailly du Bassigny, se retira à l'abbaye de St-Victor de Paris, y mourut le 1er déc. 1534.

Sur sa tombe. In-fol. *Calmet*, page 138.

Du CHATELET (PHILIBERT), baron de Cirey, seig. de St-Amand, etc., colonel des reistres pour le service du roi, gentilhomme ordinaire de sa chambre, m. le 14 mai 1568, âgé de 37 ans; inhumé dans l'abbaye de St-Victor de Paris.

Sur sa tombe. In-fol. *Calmet*, page 141.

Du CHATELET (GODEFROY), m. le 8 mai 1640, âgé de 21 ans, fils aîné de *Louis*; et Charles-Antoine *Du Chatelet*, marquis de Pierrefitte, etc., maréchal-de-camp, gouverneur de Metz, Douay et Gravelines, etc., m. le 18 av. 1680, âgé de 49 ans, Inhumés à St-Victor de Paris.

D'après leur tombe. In-fol. *Calmet*, page 150.

BRANCHE DE SORCY ET DE VAUVILLARS.

Du CHATELET (ANTOINE), chev. seig. dudit lieu, de Châteauneuf, etc., conseiller et chambellan de Pierre-Antoine, duc de Calabre, de Lorraine et de Bar. Il mourut le 11 nov. 1529, enterré dans l'église de Sorcy.

Ravenet sculp. In-fol. à genoux sur sa tombe.

Du CHATELET (JACQUES), chevalier, seigneur du Châtelet, souverain de Vauvillars, baron de Châteauneuf, etc., conseiller et chambellan d'Antoine duc de Lorraine, bailly de St. Mihiel, m. le 31 mai 1551.

Aveline sculp. In-fol. *Calmet*, page 180.

Du CHATELET (ANTOINE), baron de Châteauneuf, seigneur de Passavant, etc., bailly de Nancy, grand chambellan et conseiller de monseigneur; il mourut le 25 janv. 1577. Anne de *Beauveau*, sa femme, m. le 10 octobre 1579, enterrée dans l'église cathédrale de Martinvelle.

Ravenet sculpsit in-fol. à genoux. *Calmet*, 188.

Du CHATELET (PIERRE), évêque de Toul, né à Arc-en-

Barrois, *Haute-Marne*, m. à Nancy le 25 janv. 1580, âgé de 64 ans enterré dans l'église cathédrale de Toul.

1. F. *Aveline* sculp. In-fol. à genoux.

2. P. W. B. (*Woeiriot*) 1578, in-4.

BRANCHE DE VAUVILLARS.

Du CHATELET (NICOLAS), chevalier souverain de Vauvillars, etc., gentilhomme de la chambre du roi, lieutenant de cent hommes d'armes, tué à la bataille de Dreux, le 19 déc. 1562. enterré à Vauvillars.

A. *Humblot* del., *Aveline* sculp. In-fol. à cheval.

DUCREUX (JOSEPH), peintre de portraits au pastel et en miniature, premier peintre de Marie-Antoinette, seul élève de *Latour*, né en 1737 à Nancy, *Meurthe*, mort en 1802, sur la route de Paris à St-Denis, frappé d'apoplexie.

1. D. C… pinx., L. C. T. sculp. In-fol. en pied, au bas on lit : *le Joueur*, et plus bas 3 vers :

Il faut que de mes maux enfin je me délivre.

2. *Ducreux* pinxt., *Bouchardy* del., F. Goulu sculp. in-4, au bas : *le Bailleur*.

3. *Ducreux* pinx., *Bouchardy* del., F. Goulu sculp. in-4, au bas : *le Rieur*.

4. Invented e engraved by J. *Ducreux*, 1791, in-fol. *Jean qui rit*.

2. Invented e engraved by J. *Ducreux*, 1791, in-fol. *Jean qui pleure*.

6. Invented e engraved by J. *Ducreux*, 1791, in-fol. *Le silence*.

7. H. *Garnier* lith. In-fol. Galerie pittoresque.

DUMAIRE (   ), maire de la ville de Sarreguemines, né le 11 mars 1741 à Aulnoy-les-Vertusey, *Meuse*, député du bailliage de Sarreguemines à l'Ass. nationale de 1789.

1. *Dessin* in-8. B. N. t. 2, page 59. *Dumer*.

2. *Labadye* del. in-8, *dessin* B. N. t. 2, p. 56.

3. *Labadye* del., *Courbe* sculp. In-8, copie du N° 1.

DUMONT (FRANÇOIS), peintre du roi et de son Académie royale de peinture et sculpture, membre de la société académique des enfants d'Apollon, né en 1754 à Lunéville, *Meurthe*, m à Paris en août 1833.

C. N. *Cochin* delin., 1788. Aug. de *St-Aubin* sculp. In-8.

DUROC (MICHEL), maréchal de France, grand-maréchal du palais, grand-aigle de la Lég.-d'Honneur, né le 25 oct. 1772, à Pont-à-Mousson, *Meurthe*, tué par un boulet de canon le 13 mai 1813, près Reichembach.

1. *Z^{me} Belliard* lith. In-fol.

2. Fabrique d'images de *Dembourg*, in-fol.

3. *Velyn* sc. In-4 ou Paris, *Léotaud*.

4. C. W. *Bock* sc. Nurnberg 1806, in-8.

5. *Couché* fils del. sc. In-8.

6. I. lith. de *Delpech*, in-8.

7. C. *Frosch* sc. In-8

8. *Rauch* sc. In-8.

9. Ambroise *Tardieu* dircxit, in-8.

10. *Villerey* fils sc. In-18, le même avec entourage, in-8, ou avec texte, in 4.

Portraits en pied.

11. Chez *Potrelle*, in-fol. major.

12 *Gaildrau* del., L. *Berlier* sc In-4.

13. *Galerie* de Versailles, in-4,

14. *Galerie* historique, in-8.

Portraits à cheval.

15. Chez *Jean*, in-fol.

16. Chez *Noel*, in-4.

E.

ENCLIN (ANTOINE), ancien curé de la paroisse St-Nicolas à Nancy, né le 22 sept. 1757 à Frouard, *Meurthe*, m. à Paris le 19 juin 1834, âgé de 73 ans.

Lith. ovale in-8. D. à g., au bas 3 lig.

ENNERY (J), député du Bas-Bhin à l'Ass. législative de 1849, né le 2 janvier 1804 à Nancy, *Meurthe*.

Lith. d'ap. nat. par *Léveillé*. In-4.

ERRARD (JEAN), de Bar-le-Duc, ingénieur ordinaire du

très chrétien roi de France et de Navarre, âgé de 46 ans en 1600.

1. *Ovale* in-4, les titres sur la bordure.

2. *Contre-épreuve* B. N. Collection *Uxelles*, T. XV, p. 80.

EXCELMANS (Rémi - Joseph - Isidore), maréchal de France, grand chancelier de la Lég.-d'Honneur, sénateur, ancien pair, né le 13 nov. 1775 à Bar-le-Duc, *Meurthe*.

1. Lith. *Delaunois*, in-4.

2. A_{te} *L.* lith. in-8.

3. Ed. *David* lith. in-8 en pied.

EYNAR (J.-Franc.), sergent-major dans la légion de la Meurthe, né en 1792 à Dieuse, *Meurthe*.

Profil à dr., lith. in-8, *Eynard*, s^t m^r.

F.

FABVIER (Char.-Nic.), lieut.-général, ancien pair, of. de la Lég.-d'Honneur, né le 15 décembre 1783 à Pont-à-Mousson, *Meurthe*, député de ce département à l'Ass. constituante de 1848, et à la législative de 1849.

1. C. P. A. lith. in-fol.

2. *Decaisne*, 1826, lith. in-fol.

3. *Dupré* lith. in-fol.

4. *Letuaire* lith. in-fol.

5. *Scheffer* aîné pinx., *Maurin* lith. in-fol.

6. *Julien* lith. in-4.

7. Lith. de *Villain*, in-4.

8 *Champion* del., lith. in-8.

9. Chez *Jean*, in-fol. en pied.

FALLATIEU (Joseph), propriétaire et maître de forges à Bains, député du dép. des Vosges aux Assemblées législatives de 1815 et années suivantes, né en 1761, m. en oct. 1840.

Ovale in-8. D. à dr., suite de Tardieu.

FALLATIEU (Jules), propriétaire et maître de forges, fils du précédent, né le 2 sept. 1814 à Bains, *Vosges*, député des Vosges à l'Ass. constituante de 1848.

Lith. d'après nature par *Baunheim*. In-4.

FAUCONNET (Jean-Louis-Franç.), lieut.-général, com. de la Lég.-d'Honneur, né le 24 déc. 1750 à Révilly, *Meuse*, m. à Lille le 28 oct. 1819.

Dessiné par *Naudet*, chez *Jean*. In-fol. à cheval.

FERRY (Victor-Eugène), avocat, député de la Meurthe à l'Ass. constituante de 1848, né le 6 avril 1803 à Lunéville, *Meurthe*.

1. *Courtois* lith. in-fol.

2. Lith. d'après nature par *Deshays*. In-4.

FOISSEY (Jean-Jac.), juge au tribunal de Nancy, commissaire du roi dans les départ. du Rhin, le 20 janvier 1791, député de la Meurthe à l'Ass. législative en 1791, né à Mirecourt, *Vosges*, mort à Nancy en 1849.

Dessiné et gravé par C. *Guérin*, in-8, avec M. J. *Hérault* et M. *Dumas*, commissaires avec lui.

FOREL (Carlos), filateur, député des Vosges à l'Ass. constituante de 1848 et à la législative de 1849, né le 29 oct. 1795 à Nancy, *Meurthe*.

1. Lith. d'après nature par Célestin *Deshays*. In-4.

2. C. *Schultz* lith. In-4.

FOURIER (Le R.-P.-Pierre), curé de Mattaincourt, général et réformateur des chanoines réguliers de St. Augustin en Lorraine, et instituteur des religieuses de la congrégation N.-D. dans le même pays, né en 1565 à Mirecourt, *Vosges*, mort à Gray le 9 oct. 1640.

1. Dans un *carré* in-fol. D. à dr., au bas 4 lig.

2. Chez Jacq. *Chereau*. In-fol.

3. Lith. de *Langlumé*. In-fol.

4. Chez *Maradan* graveur, in-fol.

5. Lith. de *Ponton* fils. In-fol.

6. C. *Galle*. In-4, gravure.

7. Chez *Humbert*, lith. In-4.

8. Chez *Jollain*. In-4. D. à dr.

9. *Lenfant* f. In-4.

10. *Lith.* à claire-voie. In-4. D. à dr., au bas 5 lig.

11. Chez *Maradan*, graveur. In-4.

12. B. *Moncornet* fecit 1659. In-4.

13. *Octogone* gothique avec fleurs et fruits et tête d'ange. D. à dr., sur la tablette 7 lig.

14. Alexander *Boudan* excudit. In-8.

15. Chez Jacq. *Chereau*. In-8.

16. Richard *Collin* sculp. In-8.

17. Chez *Crépy*. In-8.

18. Chez E. *Desrochers*. In-8.

19. *Fonbonne* à Nancy. In-8.

20. J. *Franck* sc. In-8.

21. P. *Giffart*, f. In-8.

22. *Copie* du 24, avec les mêmes lignes.

23. J.-Phi. *Thelott* sc. In-8.

24. Herman *Weyen* excudit. In-8.

25. *Ovale* in-8. D. à g., sur la tablette 4 lig.

FOURNIER (Marie Cécile-Adélaïde de), femme d'Ardant du Picq, poète et littérateur, conservateur des hypothèques, née le 29 nov. 1788 à Batelemont, *Meurthe*, mariée le 7 sept. 1813, morte en 1827.

Mlle *Jaser* pinxit 1810, *Bertonnier* sc. In-18.

FRANÇOIS DE NEUFCHATEAU (Nic.-Louis), poète et littérateur, membre de l'Institut, député des Vosges à l'Ass. législative de 1791, ministre de l'intérieur, membre du Directoire exécutif, ambassadeur à Vienne, créé comte, sénateur, grand-off. de la Lég.-d'Honneur, né le 7 avril 1750 à Sassey, *Meuse*, m. à Paris le 9 avril 1828.

1. Z^in *Belliard* lith. in-fol.

2. Jul. *Boilly*, 1820, lith. in-fol.

3. Mme de *Noireterre* del., 1814, *Velyn* sc. In-4.

4. F. *Bonneville* del., sculp. in-8.

5. Lith. de *Delpech*. In-8.

6. *Eau forte*. In-8.

7. *Abel* del., C. *Guérin* sculp. In-8.

8. *Cazanova* del., *Laugier* sculp. In-8.

9. *Labadye* del., *Letellier* sculp. In-8.

10. Lith. in-8, profil à dr., au bas 4 lig.

11. Copie in-18, à dr. du n° 4, n. *François de Neufchâteau*.

12. *Mariage* sculp. in-18. France pittoresque.

FRIRION (FRANÇOIS-NICOLAS), baron, lieut. général, grand of. de la Lég.-d'Honneur, commandeur de St-Louis, grand'-croix de l'O. de Dannebrog, né le 7 fév. 1766 à Vandière, *Meurthe*, m. à Pont-à-Mousson, le 24 mai 1821.

Llanta lith. In-8.

FRIRION (JOSEPH-FRANÇOIS), baron, général de brigade, com. de la Lég.-d'Honneur, chev. de St-Louis, frère du précédent, né le 12 sept. 1771 à Pont-à-Mousson, *Meurthe*, m. à Strasbourg en 1849.

Dessiné et lith. par J. *Guérin*, in-fol.

G.

GAILLARD (JEAN-BAPT.), adjudant sous-officier dans la légion de la Meurthe, né en 1790, à Flavigny, *Meurthe*.

Lith. in-8, *profil* à dr., au bas : *Gaillard*, adj.

GANNAL (JEAN-NIC.), pharmacien, chimiste, ancien aide-de-camp du général Vandamme, né le 29 juillet 1791, à Sarrelouis.

1. *Maurin* lith. In-fol.

2. L. *M.* lith. In-8.

GARDEL (PIERRE), maître de ballets, artiste de l'Acad. roy. de musique, né en 1758 à Nancy, *Meurthe*, débute en 1774, m. en 183..

1. Dessiné et gravé par Joseph *Eymar*, 1809, in-4.

2. Hyppolite *M.*, 1828, lith. *Engelman*, in-4.

3. Dessiné par *Cœuré*, gravé par *Prudhon*, in-fol. assis ; rôle de Télémaque.

Dutertre pinx., *Carrée* sculp. In-8 en pied.

GELÉE (CLAUDE), dit *le Lorrain*, peintre et graveur de paysage, né en 1608 au château de Chamagne, *Vosges*, m. en 1682 à Rome, où il s'était fixé depuis longtemps.

1. *Hesse* lith. In-fol.

2. *Masson* del,, L. *Bouttats* sc. In-4.

3 J. *Feuillette* lith. In-4, Galerie lorraine.

4. Dans les peintres de *Dargenville*, in-8. D. à g.

5. Nicolas *Mosman* del., Antonio *Capellan* sculp. In-8.

6. *Eau forte* sans fonds, in-8. D. à dr.

7. Etched by J. *Girtin*, in-8.

8. Gravé par *Giroux*, Musée de Versailles, in-8. D. à dr.

9. *Rolin*, d'après un tableau à Nancy, lith. In-8.

10. Dans la vie des peintres de *Sandrart*. In-8.

11. Dessiné par *Laédérick*, gravé par *Leclerc*, in-4 assis.

12. *Mosset* lith. In-8, sur une feuille in-fol. avec *Callot* et *Grandville*.

GEORGES (Domin.), 23ᵉ abbé régulier de N.-D. de Val-Richer, de l'étroite observance de l'O. de Citeaux, né en 1613 à Cutry, près Longwy, *Moselle*, m. le 8 nov. 1693, âgé de 80 ans, après avoir gouverné son abbaye pendant plus de 42 ans, avec la plus grande piété et austérité.

Trouvain sculpsit, 1694, in-fol.

GERARD (Jacq.-Nic.), avocat et syndic à Vic, né le 25 nov. 1739 à Vic, *Meurthe*, député du tiers-état du bail-lage de Toul et Vic à l'Ass. nationale de 1789.

1. *Dessin* In-4 par *Mercier*. B. N.

2 *Labadye* del. in-8. *Dessin* B. N.

GÉRARD (Ét.-Maurice), comte, maréchal de France, grand chancelier de la Lég.-d'Honneur, chev. de St-Louis, ancien pair, ancien ministre de la guerre, ancien député; né le 4 av. 1774 à Damvilliers, *Meuse*.

1 Chez *Caldéra* lith. In-fol.

2. A. *Delattre* lith. In-fol.

3. *Maurin* lith. In-fol.

4. *Bougé* lith. In-4. D. à dr.

5 *Bougé* lith. In-4. D. à g.

6. Alfred *D.* lith. In-4.

7 *Delorieux*, 1823, lith. In-4.

8. *Julien* lith. In-4.

9. *Fauchery* del., gravure in-8.

10. *Forestier* sculp. In 8.

11. In-8. D. à g., sur la tablette 3 lig.

12. A. *Maurin* lith. In-8.

13. *Sur bois*. In-8. D. à dr., au bas 3 lig.

14. A claire voie, in-18. D. à dr. le *général Gérard*.

15. Ad. *Torlet* aq. F., 1843. In-18.

Portraits en pied.

16. *Julien* lith. In-fol.

17. Fabrique *De Lacour* à Nancy, in-fol.

18. J. *Potier* del., Pre *Adam* sculpt. In-4.

19. Peint par *Larivière*, Musée de Versailles, in-4.

20. Lith. in-18, *le général* Gérard.

21. V. *Adam* lith. In-fol. à cheval.

GÉRARDIN (Sébastien), naturaliste, né le 7 mars 1751, à Mirecourt, *Vosges*, m. à Paris le 17 juillet 1816.

D. à dr. dans un ovale in-8, entouré d'une branche de chêne et de laurier, au bas 3 lig.

GILBERT (Nic.-Jos.-Laurent), poëte satirique, né en 1750 à Fontenay-le-Château, *Vosges*, m. à Paris le 16 nov. 1780.

1. H. *Grevedon* lith. In-4.

2. J. *Bénizy* sc. In-8.

3. *Bours* del. lith. In-8.

4. Gravé par *Lebeau*. In-8.

5. *Desenne* del., *Leroux* sculp. In-8.

6. *Ovale* in 8. D. à dr. Au bas son nom et 4 vers.

7. *Ovale* in-8. D. à dr. Sur la tablette N. J. L. Gilbert.

8. Pour la *Biog*. universelle. In-8. D. à dr.

9. Dans un carré in-12. D. à dr.

10. *Couché* fils sculp. In-18.

11. *Delvaux* sc. In-18.

12. *En petit*, dans la France pittoresque.

GILLON (J.-Nic.), avocat, né le 9 mai 1750 à Troyon-sur-Meuse, *Meuse*, député du tiers-état du Verdunois et Clermontois à l'Ass. nationale de 1789, nommé président du tribunal criminel de St-Mihiel, se rendit à Verdun pour combattre les Prussiens, et fut tué dans cette ville le 31 août 1792.

1. *Isabey* del. In-8, *dessin* B. N.

2. *Isabey* del. *Beljambe* sc. In-8.

3. *Lambert* del. *Allais* sc. In-4.

GILLON (JEAN-LANDRY), offic. de la Lég.-d'Honneur, conseiller à la Cour de cassation, membre du conseil général du dép. de la Meuse, député de la Meuse à diverses assemblées législatives, né en 1788 à Nubécourt, *Meuse*.

A^{te} *Legrand* lith. In-8.

GILLON (PAULIN), avocat, maire de Bar-le-Duc, frère du précédent, né le 22 juin 1796 à Nubécourt, *Meuse*, dép. de la Meuse à l'Ass. constituante de 1848.

Lith. d'après nature par *Léveillé*. In-4.

GIRARDET (JEAN), premier peintre de Stanislas, roi de Pologne, duc de Lorraine et de Bar, né en 1709 à Lunéville, *Meurthe*, m. à Nancy en 1778.

Dessiné et gravé par son ami et très humble serviteur *Colin* graveur du roy, d'après le dessin de M. *Mirbeck*. In-4.

GIRARDIN (STANISLAS-CÉCILE, comte de), député de l'Oise à l'Ass. législative de 1791 et en 1812, de la Seine-Inférieure en 1819, etc., successivement préfet de la Seine-Inférieure, Seine-et-Oise et de la Côte-d'Or, né le 14 janvier 1768 à Lunéville, *Meurthe*, m. à Paris le 27 fév. 1827.

1. *Maurin* lith. In-fol. D. à dr.

2. *Maurin* lith. In-fol. D. à g.

3. Alfred *D.* 1823, lith. In-4.

4. *Delorieux*, 1823, lith. In-4.

5. F. Grenier, lith. In-4, au bas 2 vers.

6. I. lith. de *Delpech*. In-8.

7. *Eau forte*, in-8. D. à g.

8. *Ovale* in-8. D. à g. Suite de Tardieu.

GOUDCHAUX (MICHEL), banquier à Paris, député de la Seine à l'Ass. constituante de 1848, ministre des finances en 1848, né le 18 mars 1797 à Nancy, *Meurthe*.

Lith. d'après nature par *Patout*. In-4.

GOUVION-S.-CYR (LOUIS), comte, pair, maréchal de France, colonel-général des cuirassiers, grand officier de l'empire, grand aigle de la Lég.-d'Honneur, ministre de la guerre en 1815, de la marine en 1817, né le 13 avril 1764 à Toul, *Meurthe*, m. d'apoplexie aux îles d'Hyères, le 17 mars 1830.

1. Dessiné par J. *Guérin* et gravé par *G. Fiesinger*. In-fol.

2. H. *Grevédon* lith. In-fol.

3. V. *Quétin* fecit lith. In-fol. Buste au dessus du dép. de la Meurthe.

4. H. *Vernet* pinx. N. *Desmaisons* sc. In-4.

5. *Bonneville* sculp. In-8.

6. *Couché* fils sc. In-8.

7. I. Lith. de *Delpech*. In-8.

8. Dessiné par J. *Guérin*, gravé par G. *Fiesinger*. In 8.

9. *Forestier* sculp. In-8.

10. *Laisné*, sur bois. In-8.

11. Imp. *Paulle* lith. In-8.

12. Ovale in-8. D. à g. Suite de *Tardieu*.

13. *Vernet* pinx. *Ethiou* sc. In-18, avec entourage in 8, ou texte in-4.

14. France *militaire* en petit.

15. France *pittoresque* en petit.
Portraits en pied ou à cheval.

15. *Aubry* pinxit, *Charon* sculpsit, in-fol.

17. Chez *Esbrard*, in-fol.

18. Peint par *H. Vernet*, gravé par Boilly, in-4.

19. Galerie historique, lith. In-8.

20. Horace *Vernet* p[t], A *Lefèvre* sc. In-8.

21. *Gudin* del., J. B. *Pfitzer* sculp. In-18.

52. Chez *Basset*. In-fol. à cheval.

23. Chez *Jean*. In-fol. à cheval.

GRAFFIGNY (Françoise-d'Happoncourt, femme d'Huguet de), née comtesse d'Isembourg, femme de lettres, née à Nancy, *Meurthe*, le 13 fév. 1695, m. à Paris le 12 déc. 1758.

1. *Garand* pinx., Ga. *Dagoty* sculp. In-fol.

2. N. H. *Jacob* del., lith. In-fol.

3. *Lévêque* sculp. In-fol.

4. *Maurin* del., lith. In-4.

5. N. *Chevalier*. p., L. J. *Cathelin* sc. In-8.

6. Lith. de *Delpech*. In-8.

7. Gravé par C.-E. *Gaucher*, in-8.

8. Lith. in-8, au bas mad. *Graffigny*.

9. Suite de *Pujol*. au trait, in-8. D. à g.

10. Peint par L. *Tocqué*, Versailles, 2589, in-8.

11. J. *Adam*, gravure in-18.

12. R. *Delaunay* sc. In-18.

13. J. B. *Garand* del., N. *Delaunay* sc. In-18.

14. Gravé par *Delvaux*, in-18.

15. *Dessin* in-18. B. N.

16. *Forssell*, gravure in-18.

17. *Frilley* sc. In-18.

18. *Gaucher* del., *Landon* direx. In-18, in-12.

19. *Desenne* inv., *Goutu* sculp. In-8 assise.

GRANDVILLE (IGNACE-ISIDORE-GÉRARD, dit), dessinateur lithographe, né en 1803 à Nancy, *Meurthe*, m. à Paris en mars 1847.

1. *Julien* lith. In-fol.

2. Emile *Lassalle*, 1840, lith. in-4.

GRÉGOIRE (HENRI), évêque de Blois, membre de l'Institut, comte, sénateur et com. de la Lég.-d'Honneur, né en 1750 à Vého, *Meurthe*, était curé d'Emberménil au moment de la Révolution, député du clergé du bailliage de Nancy à l'Ass. nationale de 1789, nommé évêque de Blois en 1791, député de Loir-et-Cher à la Convention en 1792, aux 500 en 1795, entra au Corps-législatif après le 18 brumaire, reçu à l'Institut en 1795, créé sénateur en 1804, commandant de la Lég.-d'Honneur en 1804, et comte de l'empire, m. à Paris le 28 mai 1831.

1. Z^in *Belliard* lith. In-fol.

2. Jul. *Boilly*, 1822, lith. In-fol.

3. Imp. lith. Mlle *Formentin*. In-fol.

Grégoire, suite.

4. *Dessin*, in-4. B. N.
5. *Duchemin* del., p. M. *Alix* sc. In-4.
6. *David*, 1828. procédé de A. *Collas*. In-4.
7. Lith. de *Ducarme*. In-4.
8. *Raffet* del., *Hopwood* sc. In-4.
9. *François* pinx. 1801, *Lecomte* sculp. 1819. In 4.
10. *Bannermann*, gravure in-8.
11. Publié par *Blaisot*. In 8.
12. *Moreau* del. In-8, dessin B. N.
13. *Moreau* del., *Courbe* sc. In-8.
14. Lith. de *Delpech*. In-8.
15. F. *Bonneville* del., *Gautier* sculp. In-8.
16. Dans un encadrement *gothique* in-8. D. à g.
17. Lith. in-8, profil à dr., au bas 5 lig.
18. *Ovale* in-8. D. à dr., sur la tablette 3 lig.
19. *Ovale* in-8. D. à g., sur la tablette 3 lig.
20. *Pfitzer* sc. In-8.
21. *Tailland* sc. In-8.
22. Dessiné... gravé par *Vérité*. In-8.
23. Dans un *carré* in-18. D. à g., au bas 2 lig.
24. *Ovale* in-18. D. à dr., sur la tablette 3 lig.

GRÉNIER (Paul), comte, lieut.-général, grand-aigle de la Lég.-d'Honneur, député de la Moselle aux Assemblées législatives de 1815 et années suivantes, né le 29 janv. 1768 à Sarrelouis, nommé général de brigade en 1794, de division la même année, m. à Morambert, près Gray, le 18 avril 1827.

1. *Pfitzer* sc. In-8.
2. Ambroise *Tardieu* direx't. In-8.
3. *Ovale* in-8. D. à g. Député. Suite de *Tardieu*.
4. Dess. et gr. par *Bouchardy*. Profil à g. In-18.
5. *Profil* à g. dans un rond in-18, au bas 2 lig.

GUERRIER (Aug.-Prosper Franç.) *de Dumast*, sous-intendant militaire, poète, membre de l'Athénée des Arts, de la Société académique des sciences de Paris, et de celle de Nancy, etc., né en 1796 à Nancy, *Meurthe.*

Lith. de *Lemercier*. In fol.

GUIBAL (Nic.), architecte, sculpteur, peintre et littérateur, premier peintre du duc de Wurtemberg, né en 1725, à Lunéville, *Meurthe*, m. à Stuttgard le 3 nov. 1784.

1. Peint par Jos. *Melling*, gravé par C. J. *Schlotterbeck*, 1784, In-fol.

2. *Schenau* del., J. G. *Bottger*, F. Dresdæ. In-8.

3. *Buckle* in cera fe., G. C. *Kilian* del. et sc. In-8.

H.

HANCARVILLE (Pier.-Franç.-Hug. d'), savant antiquaire, né le 1er janv. 1729 à Nancy, *Meurthe*, m. à Rome en 1800.

1. *Denon* del. et sculp., profil à dr. In-12, dans un rond formé de 2 tailles.

2. *Profil* à dr., carré sans fond dans : *Ritratti scritti da Isabella Teotochi Albrizzi.*

HARAUCOURT (Margueritte d'), abbesse de Remiremont, morte le 31 juillet 1568.

En pied, In-8, dans *Calmet*, Notice de la Lorraine.

HARAUCOURT (Élisée d'), seig. d'Acraigne, d'Alum et de Murauvaux, gouverneur de Nancy, auteur de Mémoires manuscrits sur l'histoire de Lorraine, m. vers 1639.

Faict à Nancy par Jean *Appier*, 1610. In-4.

HARDY (Joseph), général de division, né en 1763 à Mousson, *Meurthe*, entré au service en 1784, général de brigade en 1794, de division en 1800, m. à St-Domingue le 6 juin 1802.

Dessiné par *Kolbe*, gravé par *Coqueret*. In-f. debout.

HAXO (Franc.-Nic.-Ben.), baron, pair, inspecteur général du génie, grand-cordon de la Lég. d'Honneur, com. de St-Louis, né le 24 juin 1774 à Lunéville, *Meurthe*, m. à Paris le 25 juin 1838.

1. *Maurin* lith. In-fol.

2. A^sc *Farcy* lith. In-8.

3. Dess. et gr. par *Bouchardy*. Profil à g. In-18.

4. *Thorelle* del. et lith. In-4 en pied.

HAZARDS (Hugues des), 72ᵉ évêque de Toul, né en 1454 à Blénod-lès-Toul, *Meuse*, m. le 14 oct. 1517, inhumé à Blénod.

Dessiné et lith. par l'abbé *Guillaume*, curé de Blénod-lès Toul, d'après un tableau conservé dans l'église de Blénod.

HENRION de PENSEY (P.-Paul-Nic), premier présid. de la Cour de Cassation, ministre de la justice en 1814, né le 28 mars 1742 à Treveray, *Meuse*, m. à Paris le 23 avril 1829.

1 Mᵐᵉ *Mezzara* lith. in-fol.

9. Nap. *Thomas* lith. in-4.

HERBIN (   ), né à Dun-en-Clermontois, *Meuse*, entré au service de Louis XIV dans les gardes-du-corps en 1692, proposé et reçu chevalier de St Louis par Mᵍʳ le prince de Montbarey en 1772.

Profil à g. in-4, au bas le texte décrit et 4 vers.

HINGRAY (Charles), libraire à Paris, colonel de la 10ᵉ lég. de la garde nationale, député des Vosges à l'Ass. constituante de 1848, né le 24 oct. 1796 à Épinal, *Vosges*.

Lith. d'après nature par *Patout*. In-4.

HOFFMAN (Henri), auteur dramatique et journaliste, né en 1760 à Nancy, *Meurthe*, m. à Paris le 25 avril 1828.

Devéria del., *Touzé* sculp. In-8.

HOUCHARD (Jean-Nic.), général en chef de l'armée du Nord et des Ardennes, né en 1740 à Forbach, *Moselle*, décapité à Paris le 14 nov. 1793.

1. *Levachez* sculp. In-fol., au bas, vignette par *Duplessi-Bertaux*, et texte.

2. Peint par *Laperche*, gravé par *Miger*. In-4.

3. F. *Bonneville* del. et sculp. In-8.

4. Ambroise *Tardieu* direxit. In-8.

5. Peint par Mᴵˡᵉ *Montfort*. Musée de Versailles. In-8.

HOUEL (Jean-Hubert), avocat, député des Vosges à l'Ass. constituante de 1848, né le 4 avril 1802 à Décimont, *Vosges*.

Lith. d'après nature par *Desmadryl*. In-4.

HUGO (Jos.-Léopold-Sigisbert), comte, maréchal-de-camp, chev. de la Lég.-d'Honneur, né le 15 nov. 1773 à Nancy, *Meurthe*, m. d'apoplexie à Paris, dans la nuit du 29 au 30 janvier 1828.

Lith. de *Villain*. In-4.

HUGUENIN ( ), ancien avocat à Nancy, commis aux barrières à Paris, président de la commune en sept. 1792, commissaire du pouvoir exécutif à Lyon, en Savoie et en Belgique, mort dans l'obscurité.

Maller, *Gérard* sculp. In-4.

HUOT de GONCOURT (Jean-Ant.), avocat, né le 15 avril 1753 à Bourmont, *Haute-Marne*, député du tiers-état du bailliage de Bassigny-en-Barrois, à l'Ass. nation. de 1789, m. sur la fin de 1832 à Neufchâteau, où il avait été magistrat de sûreté de 1803 à 1810.

1. *Labadie* del. In-8, dessin B. N.
2. *Labadie* del., *Courbe* sc. In-8.
3. *Perrin* del., *Guersant* sc. In-8.

HUOT (Pier.-Ant.-Victor), ancien cap. d'artillerie, membre de la Lég.-d'Honneur, dép. des Vosges à l'Ass. const. de 1848, né le 29 juin 1783 à Bourmont, *Haute-Marne*.

1. A^se^ *Farcy* lith. in-fol.
2. Lith. d'après nature par *Llanta*. In-4.

HUSSON ( ), banquier à Nancy.

Th. lith. de Christophe à Nancy. In-18.

I.

ISABEY (J.-Bapt.), peintre en miniature, conservateur au musée national, off. de la Lég.-d'Honneur, né le 11 avril 1767, à Nancy, *Meurthe*.

1. Peint par *Singry*, gravé par *Monsaldy*. In-8.
2. Lithographié d'après nature par son ami H. *Grevedon*. In-fol. *J. B. Isabey*, 1850.
3. F. *Gérard* p., p. *Adam* sc. In-4 en pied.

J.

JACQUEMARD (Claude), curé de Brissarthe, né le 1er av. 1739, à Vaucouleurs, *Meuse*, député du clergé de la Sénéchaussée d'Angers à l'Ass. nationale de 1789.

1. *Labadye* del., in-8, *dessin* B. N.
2. *Labadye* del., *Courbe* sculp. In-8.

JACQUEMINOT (Jean-Franç.), lieut.-général, comm. général de la garde nation. de Paris, gr. off de la Légion-d'Honneur, né le 23 mai 1787, à Nancy, *Meurthe*.

A. *Maurin,* 1835, lith. in-8.

JADELOT (Jean-Franç.-Nic.), médecin, membre de l'acad. de médecine, chev. de la Lég.-d'Honneur, né à Nancy, *Meurthe*.

Maurin, lith in-fol.

JANKOVITZ DE JEZENICZE (Ant.-Stan.-Pier.-Fourier), baron, chev. de la Lég.-d'Honneur, député de la Meurthe à plusieurs législatures, né en 1763, à Lunéville, *Meurthe*.

J. P. Lith. *Prodhomme.* In-8.

JEANNE D'ARC ou *Du Lys,* surnommée la *pucelle d'Orléans*, héroïne célèbre par son courage et sa fin malheureuse née en 1410, à Domrémy-la-Pucelle, *Vosges*, brûlée vive à Rouen par les Anglais, le 31 mai 1431.

Portraits in-fol.

1. A. 1820, lith. de G. *Engelmann.*
2. Z^in *Belliard* lith.
3. Par *Carré.* In-fol. major, dessin de *Guérin*, d'après la statue exécutée par *Gois* fils.
4. C. *D.* sculp., au bas 12 vers :
   1er. Lorsque cette jeune pucelle.
5. N. H. *Jacob* del., lith.
6. Dessiné par Mlle A. *Prieur* lith., cabinet A. *Lenoir.*

Portraits in-4.

7. *Beisson* sculp.
8. Edward *Corbould.* H. *Cook.*

Jeanne d'Arc, suite in-4.

9. Peint par *Schnetz*, gravé par *Delannoy*.

10. M. F. *Queverdo* del., *Delattre* sculp.

11. L. *Desmarets* lith.

12. A. *Devéria*, 1824, lith.

13. *Devéria* lith., plus grand.

14. Imp. lith. de Mlle *Formentin*.

15. *Baron* del., H. *Gaille* sculp.

16. W. N. *Gardiner* sc.

17. L. *Gaultier* sculp.

18. *Hesse* del., lith.

19. Jean *Leclerc* le jeune, f. 1612.

20. B. *Moncornet* excudit.

21. *Sergent* del. et sculp., 1787.

22. Dans *Thevet*, profil à g.

Portraits in-8.

23. Dans un *carré*, D. à g., au bas 4 lig.

24. R. *Cooper* sculp.

25. *Vauzelles* del., *Couché* fils sculp.

26. Lith. de *Delpech*.

27. R. *Delvaux* fecit.

28. N. pinx., A. *Demarcenay* sculp., 1769.

29. *Desrochers* fecit.

30. *Devéria* del., J. M. *Fontaine* sc.

31. *David* del., L. G.

32. L. *Gaultier* sculp., entre 2 colonnes, titre 1606.

33. D'après l'original qui est à Orléans, chez *l'auteur*, rue du Théâtre-Français, n° 4.

34. C. M., d'après Paul *Delaroche*.

35. Eng^d by *Mackenzie*.

36. *Raffet* del., Ch. *Ransonnette* sc.

37. Sur des nuages, l'héroïne de 1428.

38. Dans *Thevet*.

Portraits in-12, in-18 et en petit.

39. *Adam* sculp.

40. *Vauzelles* del., Fr. *Bolt* sc., 1821

Jeanne d'Arc, suite in-12 in-18.

41. Dans un *carré* sans fond. D. à dr. *Jeanne d'Arc*.

42. N. *Delaunay* sculpsit, 1779.

43. Composition *Demarcenay*, nᵒ 28. D. à dr.

44. Composition *Demarcenay*, nᵒ 28. D. à g.

45. *Ferdinand* Sᵗ.

46. M. Del., *Landon* direxit.

47. N. *Lemire* sculp., 1774.

48. Dans *Opmeer*, profil à dr., dans un rond sur bois.

49. Dans un *rond* sans fond, les noms en dedans.

Portraits à genoux, assise, debout.

50. Peint et gravé par *Bounieu*. In-fol.

51. Dans les *Femmes* fortes. In-fol.

52. *Galerie* du palais cardinal. In-fol.

53. *Lith.* in-f., d'après la statue du musée de Versailles.

54. Sculpté par Marie d'*Orléans*, dessiné par *Hébert*, gravé par Aristide *Louis*, musée de Versailles. In-f.

55. Dessiné par *Boilly*, gravé par Mˡˡᵉ *André*. In-4.

56. *Bara, Gérard*, sur bois. In-4.

57. S. *Vouet*, gravé par D. J. *Cathelin*. In-4.

58. Composée par *Dissey* et *Piver*. In-4.

59. Louis *Lasalle* lith. In-4.

60. Hᵗᵉ-L. (*Lecomte*) lith. In-4.

61. Chez *Naudet*. In-4.

62. *Gois* fils invᵗ, C. *Normand* sculp. In-4.

63. Engraved by R. *Page*. In-4.

64. Imp. *Aubert* et Cⁱᵉ. In 8.

65. *Raffet* del., *Burdet* sc. In-8, sa mort.

66. *Desenne* del., T. *Caron* sc. In-8.

67. Procédé de A. *Collas*. In-8, sa mort.

68. Lith. de *Engelmann*. In-8.

69. *Galerie* du palais cardinal. In-8.

70. A. *Devéria* del., *Gervais* sculp. In-8.

71. *Lair* pinx., C. *Normand* sc. In-8.

72. F. P. In-8. D. à dr.

73. *Pigeot* sc. In-8.

Jeanne d'Arc, suite en pied.

74. *Lecurieux*, Ch. *Thompson*, sur bois. In-8.

75. J. *Thompson*, vision de Jeanne d'Arc, sur bois. In-8.

76. *Toussaint*. In-8. D. à g., *victorieuse*.

77. *Carré* in-18, regarde à dr. *Jeanne d'Arc*.

78. Dans les *Femmes* fortes. In-18.

79. Les *Femmes* illustres, in-18.

80. In-18 D. à dr., au bas 2 lig.

81. Dessiné par M. C. T. *Diot*. gravé par L. J. *Allais*. In-fol., à genoux avec *Charles* VII.

82. L. *Gaultier* incidit, 1613. In-4, à genoux avec *Charles* VII.

Portraits à cheval.

83. V. *Adam* lith. In-fol.

84. Imp. *Decan* et *Lebref*, avec son écusson et son monument. Lith. sur une feuille in-fol.

85. E. *Stemlé* in. et del. lith. In-fol.

86. L. *Gaultier* sculp., 1612. In-4.

JEANROY (Dieudonné), docteur régent de l'ancienne Faculté de Paris, membre de la Société roy. de médecine, né en 1750 à Nancy, *Meurthe*, m. à Paris le 27 mars 1814.

Bonnemaison pinx., *Fremy* del. et sculp. In-8.

JOLY (Claude), trésorier de l'église cathédrale de Beauvais en 1651, curé de St-Nicolas-des-Champs à Paris en 1653, évêque de St-Paul-de-Léon en 1661, d'Agen en 1664 ; né en 1610 à Bury, *duché de Bar*, m. à Agen en oct. 1678.

Nanteuil ping. et sculpebat, 1673. In-fol.

JORDY (Nic.-Louis), général de brigade, chevalier de l'Empire, off. de la Lég.-d'Honneur, né à Abreschwiller, *Meurthe*, le 14 sep. 1758, m. à Strasbourg le 7 juin 1825.

1. *Thorelle* del. lith. In-8.

2. Vignette avec texte. In-4.

K.

KLEIN (Domin.-Louis-Ant.), comte, pair, lieut.-général, grand'croix de la Lég.-d'Honneur, chev. de St-Louis, né le 24 janv. 1761 à Blamont, *Meurthe*, m. le 3 nov. 1845.

1. *Ovale* in-8 D. à g. (*Tardieu*).

2. Ambroise *Tardieu* direxit. In-8.

3. M.-P. *Tassaert* s'. In-8.

4. Dess. et gr. p. *Chrétien*, profil à dr. dans un rond. In-18.

KREUBÉ (Char.-Fred.), professeur de violon, violoncelle et cor, premier violon du Théâtre comique Impérial, membre de la Réunion des Arts et de l'Amitié, né le 5 nov. 1777 à Lunéville, *Meurthe*.

A.-P. *Vincent* del., *Bourgeois de la Richardière* sculp. In-4.

L.

LABEL (Alexandre-Jean-Maximin), comte de Lambel, colonel-directeur du génie, maréchal-de camp honoraire, comm. de la Lég.-d'Honneur, né le 28 août 1771 à Bar-sur-Ornain, *Meuse,* m. au château de Fléville, près Nancy, le 23 juin 1851.

Thorelle del. lith In-8 en pied.

LADOUCETTE (Jean-Char.-Franç., baron de), littérateur, membre de plusieurs sociétés savantes, off. de la Lég.-d'Honneur, né en oct. 1772 à Nancy, *Meurthe,* nommé préfet des Hautes-Alpes en 1802, de la Roer en 1809, de la Moselle en 1815 pendant les 100 jours, député de la Moselle à la chambre législative en 1834, m. en mars 1848.

1. A. *Legrand* lith. In-8.

2. F. *Lehnert* lith. In-8.

3. F. *Lehnert* lith. In-8 différent.

LAFLEUR (Nic.-Guil. de), peintre de fleurs et graveur à l'eau forte, né dans les premières années du 17ᵉ siècle, m. à Rome vers 1670.

1. *Nicolaus Guillelmus a floræ lotharingus fecit Romæ 1638.* In-4. D. à dr.

2. C. *Danckerts* excudit. In-4. D. à g.

LAFLIZE (Geor.-Char.-Cam.), avocat à la cour d'appel de Nancy, né le 19 fév. 1798 à Nancy, *Meurthe,* député de la Meurthe à l'Ass. constituante de 1848.

Lith. d'après nature par H. *Grevedon.* In-4.

LAFROGNE (Franç.-Balth.), maire et notaire à Blamont, membre du conseil-général de la Meurthe, député de la Meurthe en 1816, né en 1769 à Harbouey, *Meurthe*.

Ovale in-8. D. à g. Suite de Tardieu.

LAIRVELZ (Servat), de l'O. des Prémontrés, docteur de Sorbonne, abbé de Ste-Marie de Pont-à-Mousson, m. le 19 oct. 1672, âgé de 70 ans.

K. *Audran*, carré in-4. D. à dr. au bas 7 lig. latines.

LAMOUR (Jean), serrurier, habile dans la fabrication des grilles, né en 1698 à Nancy, *Meurthe,* m. à Nancy en 1771.

Lith. d'après un *tableau* du cabinet de M. *Noel*. In-8.

LANGE (Ch.-Hyac.), curé de la paroisse St-Nicolas, à Nancy, dessinateur lithographe, né le 15 mars 1801 à Vic, *Meurthe*.

1. *Ipse* fecit. lith. in-fol

2. Par *lui-même*, 1845. In-fol.

3. L'abbé *Lange*, 1849. Lith. in-fol.

LA PELOUZE, V. Valentin.

LASALLE (Nic.-Théod.-Ant-Adol. de), lieutenant-général au bailliage de Sarrelouis, né à Sarrelouis le 11 nov. 1762, député du tiers-état du bailliage de Metz à l'Ass. nationale de 1789.

1. *Dessin* in-4. B. N.

2. *Labadye* delineavit. In-8, dessin B. N.

3. *Labadye* del., *Courbe* sculp. In-8.

LAUNOIS (Gasp.-Aug.), agronome, ancien officier, député de la Meuse à l'Ass. constituante de 1848, né le 7 janv. 1806 à Bar-sur-Ornain, *Meuse*.

Lith. d'après nature par E. *Levasseur*. In-4.

LAZOWSKI (Joseph-Félix), baron, général de brigade du génie, com. de la Lég.-d'Honneur, né le 20 nov. 1759 à Lunéville, *Meurthe*, m. à Paris le 8 oct. 1812.

Dutertre, gravure in-8.

LE CLERC (La bienh. Mère Alix), dite *Thérèse de Jésus*, fondatrice des religieuses de N.-D., m. à Nancy le 9 janv. 1622, âgée de 42 ans.

Leclerc, suite.

1. *Ovale* in-4, D. à g., au bas 4 lig.

2. *Charpignon.*

3. Herman *Weyen* excud. In-8.

LE CLERC (François), serrurier, né le 1er déc. 1796 à Nancy, *Meurthe*, député de la Meurthe à l'Ass. constituante de 1848.

1. Ase *Farcy* lith. In-fol.

2. Lith. d'après nature par *Levasseur*. In-4

LEMAIRE (Nic.-Éloy), doyen de la Faculté des lettres de l'Académie de Paris, et professeur de poésie latine, né le 1er déc. 1767 à Triaucourt, *Meuse*, m. à Paris le 3 oct. 1832.

1. Gravé par *Laguiche*. In-8 en manière noire.

2. C. *Laguiche* lith. In-8.

LENONCOURT (Robert de), cardinal, évêque et comte de Châlons, pair de France, fils de Thierry IV de *Lenoncourt* et de Jeanne *de Ville*, né à Lenoncourt, *Meurthe*, m. le 2 fév. 1561, au prieuré de La-Charité-sur-Loire, y fut enterré. Il avait été nommé évêque de Metz en 1551, transféré à l'archevêché d'Arles et Embrun en 1554, créé cardinal en 1538, il posséda les abbayes de St-Rémy de Reims, de Barbeaux, de St-Martial de Limoges, Villelongue, le prieuré de St-Pourcin, puis celui de La-Charité-sur-Loire.

1. *Dessin* à la pierre noire in-fol. B. N. aux cardinaux.

2. *Dessin* aux trois crayons, in-fol. B. N. 1358, p. 70.

3. Dans F. *Duchesne,* gravure in-4.

4. Profil à dr., gravure sans fonds. In-8.

5. Gravé par *Meunier*, Bruxelles 1843. In-8.

LEPOIS (Antoine), *Piso*, conseiller et médecin de Charles III, duc de Lorraine ; savant antiquaire, né à Nancy, *Meurthe*, m. à Nancy en 1598.

1. *Dessin* à la plume, in-4. B. N. aux médecins.

2. P. W. B. (*Woeiriot*), in-4, annos natus œt 52.

LE POIS (Nicolas), médecin, frère du précédent, né en 1527 à Nancy, *Meurthe*, m. en 1590.

Lepois, suite.

1. P. V. B. (*Woeiriot*), profil à dr. In-8, 1579, annos natus 52.

2. N. V. D. *Meer* fecit. In-4.

LE POIS (Charles), médecin, doyen de la Faculté de médecine de Pont-à-Mousson, fils du précédent, né en 1563 à Nancy, *Meurthe*, m. à Nancy en 1653.

Lith. dans un *rond* in-12. D. à g.

LIGER-BELAIR (Louis), comte, lieut.-général, grand'-croix de la Lég.-d'Honneur, commandeur de St-Louis, né en 1772, m. à Paris en déc. 1835.

A. *Pré*, 1826. Lith. In-4.

LIGNEVILLE (Phil.-Em., comte de), maréchal-de-camp, général des armées de Lorraine, fils de Gaspard et de Philiberte-Angélique de Houécourt, né en 1611 à Houécourt, *Vosges,* m. à Vienne, en Autriche, le 26 oct. 1664.

1. Chez *Daret.* In-4.

2. J. *Frosne* sculpsit, 1659. In-4.

3. *Parisiis,* MDCLIX. In-4. D. à g.

4. Vin. *Vangelisty* fecit, 1777. In-4.

LIVRON (Dame Scolastique-Gabrielle de), abbesse du très célèbre monastère de Juvigny.

Ovale in-4. D. à dr., au bas le texte décrit.

LOBAU (Georges Mouton, comte), pair et maréchal de France, grand' croix de la Lég.-d'Honneur, né le 28 févr. 1770 à Phalsbourg, *Meurthe*, m. à Paris le 27 nov. 1838.

1. *Bourdet* lith. In-fol.

2. M. *D.* 1833, lith. In-fol-4.

3. Lith. de *Delpech.* In-8.

4. *Llanta* lith. In-8.

5. Félicité *Lobau* del., lith. In-8.

6. A. *Maurin* lith. In-8.

7. Ambroise *Tardieu* direxit. In-8.

Portraits en pied.

8. *Blanc* lith. In-fol.

9. *Galerie* de Versailles. In-4.

Lobau, suite en pied.

10. *Galerie* historique. In-8.

11. Ary *Scheffer* pinx. *Pollet* sc. In-8.

12. *Copie* au trait in-18 du N° 11.

Il existe des caricatures.

LOISON (LOUIS-HENRI, comte), général de division, gouverneur du palais de St-Cloud, grand-off. de la Lég.-d'Honneur, né le 16 mai 1771 à Damvilliers, *Meuse*, m. le 30 déc. 1816 dans sa terre de Chickel, près Liége.

1. Mme de *Noireterre* del., P. *Tassaert* sc. In-8.

2. Chez *Jean*. In-fol. à cheval.

LORITZ (FRANÇ.), lieutenant dans la première légion du Nord, né en 1795 à Pont-à-Mousson, *Meurthe*.

Profil à dr. lith. in-8, au bas *Loritz* l^t.

LOUIS (DOMINIQUE-J., baron), plus connu sous le nom d'abbé *Louis*, pair de France, grand'croix de la Lég.-d'Honneur, ministre des finances, ancien député, né en 1755 à Toul, *Meurthe*, m. à Bray-sur-Marne en 1837.

1. Eug. *Devéria* pinx., A. *Devéria* del. lith. In-f.

2. Dans la *Biog.* des Contemporains. In-8. D. à dr.

3. *Montaut* del. et sc., profil à g. In-8.

4. M^lce *Porinet* sc. In-8.

5. Suite de *Tardieu*. Ovale in-8. D. à dr.

Il existe des caricatures.

LUDRE (Mme DE), chanoinesse de Mons.

1. N. *Arnoult* fec. In-fol. en pied.

2. Chez J. *Mariette*. In-fol. en pied.

3. Chez A. *Trouvain*. In-fol. en pied.

LUDRE (CHARLES DE), ancien officier, ancien député de l'opposition sous Louis-Philippe, né le 1er nov. 1797 à Port-sur-Seille, *Meurthe*, député de la Meurthe à l'Ass. constituante de 1848.

1. A. *Collette* fe. lith. In-fol.

2. Lith. d'ap. nat. par *Patout*. In-4.

LUXEMBOURG (ST-PIERRE DE), cardinal, fils de Guy de Luxembourg et de Mahaud de Châtillon, né le 20 juillet 1369 à Ligny, *Meuse*, fut archidiacre de Chartres, nommé évêque de Metz en 1383, créé cardinal en 1386, m. à Avignon le 2 juillet 1387.

1. Dans un *carré* in-fol., sur des nuages. D. à g., au bas 4 lig. et 8 vers français.

2. Dans les cardinaux de F. *Duchesne* In-4.

3. *Ovale* in-18. D. à g., au bas 4 lig. latines.

4. *Ovale* sans fond, in-8. D. à g., au bas 2 lig.

5. *Profil* à dr. in-8. au bas *S-Piere de Luxambourg*.

6. P^h *Sauvan* f. In-8.

7. G. *Vallet* sc. Ovale in-8. D. à dr.

8. *Noblin* sculp. lith. In-12.

M.

MAFFIOLI (Jean-Pierre), ancien curé de Plombières, chanoine honoraire du chapitre de Meaux, né le 15 déc. 1747 à Raon-l'Étape, *Vosges*, m. le   18..

1. Dessiné d'après nature par Mme la duchesse de la *Rochefoucauld* lith. In-4.

MAILLEFER (Pierre-Martin), littérateur et journaliste, né en 1799 à Nancy, *Meurthe*.

Chez *Aubert* lith. In-fol.

MAILLET (Benoit de), philosophe, cosmologiste, consul général en Égypte, envoyé en Abyssinie, né le 12 avril 1656 à St-Mihiel, *Meuse*, m. a Marseille en 1738.

1. E. *Jeaurat* sculp. 1735. In-4.

2. In-8 dans les philosophes de *Saverien*, t. 7.

MAIMBOURG (Louis), jésuite, puis prêtre séculier, prédicateur et écrivain, né en 1610 à Nancy, *Meurthe*, m. d'apoplexie le 13 août 1686 dans l'abbaye de St-Victor, à Paris, où il s'était retiré.

1. N. *Habert* 1686. In-fol.

2. La planche réduite à l'ovale, imprimée dans un passe-partout. In-fol., sur la tablette *le père Maimbourg*.

3. *Lambert* sc. In-fol. D. à dr., les noms manuscrits.

4. Jac. *Lubin* sculp. In-fol.

5. *Rein* sc., A. V. In-4.

Maimbourg, suite.

6. *Nivellon* in. et del. Car. *Simonneau* sculp. In-4.

7. Gravé par E. *Desrochers*. In-8.

8. *Nivellon* del. ad vivum. *Fiquet* sculpsit. In-8.

9. *Krauss* sc. In-8.

10. *Buste* sous un cintre. In-8. D. à g.

11. Matt. *Ogier* sculp. Lugd. In-18.

Il existe des caricatures.

MALGAIGNE (Jos-Franç.), littérateur, chirurgien, agrégé à la Faculté de médecine, né en 1806 à Charmes, *Vosges.*

Maurin lith. In-fol.

MALLARMÉ (François-Réné-Auguste), procureur, syndic du district de Pont-à-Mousson, député de la Meurthe à l'Ass. législative de 1791, puis à la Convention, remplit diverses missions, fut nommé en 1800, conseiller à la cour d'appel d'Angers, sous-préfet d'Avesnes en 1815, d'où il fut enlevé par les Prussiens et conduit à Wesel. Né en 1755 à Nancy, *Meurthe.*

1. L. *Portman*, sculp. In-8.

2. F. *Bonneville* del., *Villeray*, sculp. In-8.

MANGIN (   ), maire de Mouzon, né le 16 janv. 1744 à Varennes-en-Clermontois, *Meuse*, député du tiers-état du bailliage de Sedan à l'Ass. nationale de 1789.

1. *Moreau* del., in-8. *Dessin* B. N.

2. *Moreau* del. *Desliens*, sculp. In-8.

MARCHAL (Pier.-Franç.), ancien notaire, ancien député, directeur du télégraphe en 1830, né le 9 avril 1785, à Nancy, *Meurthe*, député de la *Meurthe* à l'Ass. constituante de 1848.

Lith. d'ap. nat., par *Bour*. In-4.

MARLORAT (Augustin), ministre calviniste à Lausanne, puis à Rouen, né en 1506 à Bar-le-Duc, *Meuse* ; envoyé au colloque de Poissy en 1561, il y parut avec éclat, il revint à Rouen: les guerres de religion ayant recommencé en 1562, Rouen fut prise par le roi, Marlorat arrêté, fut traîné sur une claie, pendu devant *N. D.* Sa tête tranchée et fichée sur un pieu, sur le pont de la ville : il était religieux augustin avant d'embrasser la réforme.

1. H. (*Hondius*), fe. In-4.

2. *Ovale* in-4, tronqué à dr. et à g., au bas 2 lig.

3. Dans Th. de *Bèze*, sur bois, in-8, d. à dr.

4. Dans *Boissard*, ovale in-8, d. à dr., les noms sur la bordure, au bas, 4 vers latins.

5. Chez E. *Desrochers.* In-8.

6. Tho. *Trotter*, sculp^t. In-8.

7. Dans un *carré* in-18, d. à dr., au bas 1 lig.

8. Dans un *carré* in-18, d. à dr., au bas 2 lig.

MARTINET (Mathieu), maréchal-des-logis au 1er régiment de cuirassiers de la garde royale, connu par ses actions de vertu et de courage, né le 20 mai 1799, au village de Hombourg-le-Bas, *Moselle.*

Durupt pinxit, *Torlet*, sc. In-8.

MATHIEU de Dombasle, (Joseph-Alexandre), agronome, né le 26 février 1777 à Nancy, *Meurthe*, m. à Nancy en déc. 1843.

1. *Duriez* del., lith. In-fol.

2. A. B. L. H. R., sur bois. In-4.

3. Lac del., lith. de J. *Audin.* In-8.

4. Dessiné et lith. à Nantes, chez *Charpentier.*

5. *David* d'Angers, sculp., *Marc* del., A. *Riffaut*, s. In-4, en pied.

MICHAUT (Adrien-Joseph), membre du conseil-général, député de la Meurthe à l'Ass. constituante de 1848, né le 24 juil. 1797, à Ogeviller, *Meurthe.*

Lith. d'après nat., par *Llanta.* In-4

MICHEL (Jean), curé de la cathédrale de Nancy, ancien supérieur du séminaire, vicaire-général, archiprêtre, chev. de la Lég.-d'Honneur, né en 1768 à Haraucourt, *Meurthe*, m. le 9 oct. 1843.

1. Dessiné et lith., par l'abbé *Lange.* In-fol.

2. Lith. par l'abbé *Lange.* In-fol.

3. Gravé par J. *Lewicki*. In-8.

MIRBECK (IGN.-FRÉD. DE), avocat au conseil et secrétaire du roi, commissaire national à St-Domingue en 1791, né le 1er mai 1732, à Nancy, *Meurthe*.

L. *Lafitte* del.; L. *Couché* filius, sculp., terminé par *Bosq*, vignette avec texte. In-4.

MOLLEVAUT (CHAR.-FRANÇ-LOUIS), poète, membre de l'Institut, né le 26 déc. 1776, à Nancy, *Meurthe*, m. à Paris en nov. 1844.

1. Jul. *Boilly*, lith. In-fol.

2. J. *Bertrand*, lith. In-4.

3. Dess. au physionotrace et gravé par *Quenedey*, 1809. In-8.

4. *Chasselat*, invt., gravure in-18.

MONTALIVET (JEAN-PIERRE BACHASSON, comte de), pair, grand-off. de la Lég.-d'Honneur, fut successivement préfet de la Manche, de Seine-et-Oise, conseiller d'Etat, directeur-général des Ponts-et-Chaussées, ministre de l'Intérieur, né le 5 juil. 1776, à Neukirch, près Sarreguemines, *Moselle*, m. le 22 janv. 1823 à Lagrange, près Pouilly, *Nièvre*.

1. Pantotype de *Brémont et Cie*, avec texte et sujets. In-fol.

2. *Perrot*, lith. In-4.

3. *Velyn*, sc. In-4.

4. 8. J. *Legros*, pinxit 1820, *Vigneron* del. 1823, lith. In-4.

5. E. *Clavier*, lith. In-8.

6. Vu de face, lith. In 8, au bas 4 lig.

7. *Michaud*, sc. In-18.

MONTEMONT (ALBERT), poète, littérateur, géographe et traducteur, membre de plusieurs sociétés savantes et littéraires, né le 20 août 1788, à Remiremont, *Vosges*.

Dt lith. In-8, dans un *carré*. D. à G., écrivant.

MONVEL (JACQ.-MARIE-BOUTET de), écrivain et acteur dramatique, membre de l'Institut, né le 25 mars 1745 à

Lunéville, *Meurthe*, m. à Paris le 13 fév. 1812.

1. Dans un *ovale* in-8, les titres sur l'ovale.

2. *Devéria* del., A. *Massard* sc. In-8.

3. *Led* del. In-8, assis, rôle d'Auguste.

MOREAU (Valentin-Adol.), maire de la commune de Chaville, né le 27 fév. 1802 à Bar-le-Duc, *Meuse*, député de la Meuse à l'Ass. constituante de 1848.

Lith. d'après nature par *Patout*. In-4.

MORLANT (F.-L.), colonel des chasseurs à cheval de la garde impériale, né le 11 août 1771 à Souilly, *Meuse*, tué à la bataille d'Austerlitz.

Trezel del., *Tassaert* sculp. In-8.

MORY d'Elvange (Franç.-Domin.), savant numismate, auteur d'ouvrages sur la numismatique, membre de l'Académie de Nancy, né en 1738 à Nancy, *Meurthe*, décapité à Paris en 1794.

Thorelle del., lith. In-4.

MUSCULUS (Wolfgang), célèbre théologien du 16e siècle; fils d'un tonnellier, né en 1497 à Dieuze, *Meurthe*, m. à Berne le 30 août 1563. Musculus eut une vie assez aventureuse : fut bénédictin, tisserand, manœuvre aux fortifications de Strasbourg, où il fit connaissance de Bucer qui, sachant apprécier son mérite, lui donna ses ouvrages à copier et le fit élever au ministère. Il exerça la fonction de ministre à Augsbourg, quitta cette ville, où sa vie était en danger, pour se retirer en Suisse où il enseigna la théologie; il apprit le grec et l'arabe, fut correcteur dans l'imprimerie de Jérome Froben, avec Jean et Vitus *Amerbach*, Isaac *Casaubon*, *Erasme* et Sigismond *Ghelen*.

1. *Ovale* in-fol. Au-dessous : *Wolfgang Muscul | theol. Bern.*

2. *Carré* in-4. Au-dessus : *Wolfgangus Musculus.* D. à dr.

3. H. (*Hondius*) fe. In-4.

4. *Ovale* in-4. D. à dr. Au bas 2 lig. latines.

5. Dans Th. de *Bèze*, sur bois. In-8. D. à g.

6. R. B. (*Boissard*). In-8.

7. Dans un *carré* sur bois in-8, D. à g. Au-dessus : *Wolfgangus Musculus | theologus*.

8. *Carré* sur bois. In-8, D. à dr. Au bas 2 lig. allemandes.

9. *Ovale* in 8, D. à g. Au bas : *Wolfgangus Musculus*.

10. *Ovale* in-8, D. à g. Au bas 3 lig. anglaises.

11. H. P. *F.* fecit. In-8.

12. *Gospel*. mag., sept. 1767. In 8.

N.

NAJEAN (Véridique), ancien off. de la garde impériale, bâtonnier de l'O. des avocats de Neufchâteau, commandant de la garde nationale de cette ville, député des Vosges à l'Ass. constituante de 1848, né le 2 janv. 1795 à Neufchâteau, *Vosges*.

Lith. d'après nature par *Coëdel*. In-4.

NEY (Michel), duc d'Elchingen, prince de la Moskowa, pair et maréchal de France, grand-aigle et chef de cohorte de la Lég. d'Honneur, né le 10 janvier 1769, à Sarrelouis, fusillé à Paris le 7 déc. 1815.

Portraits in-fol.

1. *Allaux*, lith.

2. *Carrière*, lith. *D.* à g.

3. *Carrière*, lith. *D.* à g. plus grand.

4. R. *Hennon-Dubois*, lith.

5. *Junck* éditeur, lith.

6. Chez *Martin*.

7. *Maurin* 1825, lith. *D.* à g.

8. *Maurin*, lith. *D.* à dr.

9. Fabrique de *Pélerin* a Epinal, sur bois.

10. *Quétin* fecit buste au-dessus du dép. de la Moselle

Portraits in-4.

11. Gravé par *Alès*, dans le dép. de la Moselle

12. Eau forte. *D.* à g. au bas, 3 lignes.

13. Imp. lith. de Mlle *Formentin*.

Ney, suite in-4.

14. Chez *Genty*.

15. Chez l'*Auteur*, rue des Francs-Bourgeois.

16. *Leborne*, lith. avec texte.

17. Antonin *M*ᶜ (*Moine*), lith.

18. *Ovale*, regarde à g., au bas 3 lig.

19. *Ovale* sans fond, eau forte, au bas 2 lig.

20. Profil à g., au bas 3 lig., déposé à la direction gᴵᵉ.

21. F. *Gérard* pinxᵗ, 1814, Alexᵈʳᵉ *Tardieu* del., et sculpᵗ.

22. Sans fonds, *D.* à g au bas: *Ney* maréchal de France.

23. D. à g., au bas 3 lig. finissant par 1815.

24. Dans un *rond* avec *Labédoyère* et *Lavalette*, profil à g.

25. Avec les mêmes, dessiné par Mᴵᴵᵉ Jenny *Hamm*, lith.

Portraits in-8.

26. *Antonin*, lith.

27. *Fouché* fils, sculp.

28. *François*, sur bois.

29. *Gérard* pinx. *Fremy* del. et sculp.

30. Tony *Goutière*, sc.

31. Gravé par *Joubert*.

32. Chez *Lambert*,

33. Chez l'*Auteur*, rue de Touraine.

34. *Lefèvre*, sc.

35. *Lion* Fᵗ. lith.

36. D. à g. Marshal *Ney* | prince of Moskwa.

37. C. *Schuler*, sc.

38. Ambroise *Tardieu* direxit.

39. *Trézel* del., *Tassaert*, sculp.

Portraits in-12, in-18 et en petit.

40. *Couché* fils, sculp.

41. *Michaud*, F.

42. *Ovale* sur la face du support, 3 lig.

Portraits en pied.

43. A. G., profil à g. in-fol, gravure.

44. *Maurin*, *Bertonnier*, gravure in-4.

45. *Gaildrau* del., *Leguay*. sc. In-4.

46. Peint par J. M. *Langlois* 1832, Versailles. In-4.

47. J. *Delarue*, lith. In-8, Galerie historique.

48. M. *Langlois* pinxit, Tony *Goutière* sc. In-8.

49. De *Moraine*, inv. et del., Lacoste aîné In-8, sur bois.

50. Copie au trait du n° 46. In-18.

Portraits à cheval.

51. Dessiné par *Naudet*, chez Jean. In-fol.

52. *Ludovic*, lith. In-4.

53. Chez *Noël*, In-4.

54. Louis *David* pinx., Henry Robinson, sc. In-8.

55. Dans un carré in-18, NEY MARÉCHAL DE FRANCE.

Portraits, mort.

56. Chez *Danlos* à Paris et chez Th⁰ˢ *Brown* à Londres, in-f.

57. Copie en sens opposé, lith. In-fol.

58. Copie, lith. In-8.

NICOLAI (JEAN), dominicain, prieur du couvent de St-Jacques de Paris, docteur de Sorbonne, professeur de théologie, écrivain, né en 1594 à Monza, diocèse de Verdun, m. en 1672 dans le couvent de St-Jacques.

Jac. *Lubin* sculp. In-fol, *rare*.

NOCRET (JEAN), peintre d'histoire et de portraits, et graveur, recteur de l'Académie royale de peinture, peintre du roi, gentilhomme ordinaire de sa chambre, premier peintre de Philippe I d'Orléans, né en 1612 à Nancy, *Meurthe*, m. à Paris, en 1672.

Joannes *Nocret* seipsum pinxit, Susanna *Silvestre* sculpsit. In-fol.

NOEL (F.J. BAP.). avoc. not. honoraire, homme de lettres, né le 7 juil. 1782, à Nancy, *Meurthe*.

Drouin, lith., à Nancy. In-8.

NOUET (NIC.-ANT.), astronome, ancien moine de Citeaux, né le 30 août 1740 à Pompey, *Meurthe*, m. à Chambéry, le 24 avril 1811.

Dutertre. In-8.

NOVION (Jean-Victor de), capitaine au régim. de Vermandois, né le 20 nov. 1747 à Thionville, *Moselle*, vint remplacer à l'Ass. nationale de 1789, le comte de Miremont, démissionnaire, passa en Portugal après la session, y prit du service, et fut nommé en 1802 commandant de la garde de police de Lisbonne.

1. *Labadye* del. In-8. *Dessin* B. N.

2. *Labadye* del., *Letellier*, sculp. In-8.

O.

O'EGGER (J.-G.-E.), ancien professeur de philosophie, ancien premier vicaire de la cathédrale de Paris, né à Bitche, *Moselle*.

Lith. de *Langlumé*. In-8.

OISELET (Clémence d'), abbesse de Remiremont, nommée en 1307, morte en 1323.

En pied in-8, dans *Calmet*, notice de la Lorraine.

OLIVIER (J.-D.), député du Pas-de-Calais à l'Ass. constituante de 1848, né le 9 sept. 1792 à Longwy, *Moselle*.

Lith. par *Llanta*. In-4.

ORDENER (Michel), comte, lieut.-général, command. de la Lég.-d'Honneur, gouverneur du Palais de Compiègne, né le 2 sept. 1755 à St-Avold, *Moselle*, m. à Compiègne, le 30 mars 1811.

1. Lith. de *Formentin*. In-4.

2. Imp., lith. *Formentin* et Cie. In-8.

OUDINOT (Char.-Nic.), duc de Reggio, pair et maréchal de France, Major général de la garde royale, gouverneur des Invalides, ministre d'État, grand'-croix de la Lég.-d'Honneur et de St-Louis, né le 25 avril 1767 à Bar-sur-Ornain, *Meuse*, m. à Paris, le 14 sept. 1847.

Portaits in-folio.

1. *Martinet* del., chez *Charon*, Actions glorieuses.

2. Lith. de Mme *Formentin*.

3. Peint par *Robert Lefèvre*, gravé par *Forster*.

4. *Maurin*, lith.

Oudinot, portraits in-fol., suite.

5. *Maurin* aîné, d'après un buste. D. à dr., lith.

Portraits in-4.

6. Az. *Hubert*, sc.

7. A. J. lith.

8. *Leclerc*, lith.

9. *Vigneron* del., Frédéric *Lignon*, sculp.

10. C. L. P. 1818, lith.

11. Lith. *de Villain*.

Portraits in-8.

12. Dessiné et gravé par Bonneville.

13. *Eau forte*, D. à dr., au bas le M^{al} *Oudinot*.

14. *Fauchery* del., gravure.

15. *Forestier*, sculp.

16. A. *Houchard*, aq. f.

17. J^t. Imp. de *Mantoux*, lith.

18. *Julien*, lith.

19. Chez *l'auteur*, rue des Francs-Bourgeois.

Portraits en pied.

20. *Martinet* pinxit. *Charon* sculpsit In-fol.

21. Peint par *Robert Lefèvre*, dessiné et gravé par *Dandeleux*. In-fol.

22 Peint par *Robert Lefèvre*, gal. de Versailles. In-4.

23. Peint par *Robert Lefèvre*, gal. de Versailles. In-8.

23. Lith. de *Cattier*. In-8.

Portraits à cheval.

25. Chez *Jean*. In-fol, n° 70.

26. Chez *Jean*. In-fol, n° 105.

27. *Ludovic*, lith. In-4.

28. *Carré* in-18. D. à g., *Oudinot* maréchal de France.

OUDINOT (Nic.-Char.-Victor), duc de Reggio, lieutenant-général, ancien député, commandant en chef de l'armée chargée d'occuper Rome en 1849, député de Maine-et-Loire à l'Assemblée constituante de 1848 et à la législative de 1849, fils du précédent, né en 1792 à Bar-le-Duc, *Meuse*.

Oudinot (N.-C.-V.) suite.

1. Chez A. *Bès* et F. *Dubreuil*, lith. In-fol.

2. *Llanta*, lith. In-8.

3. *Rosselin* édit., lith. Auguste *Bry*. In-8.

4. *Sur bois*, in-8. D. à dr.

5. L. T. lith. In-8 en pied, *galerie* historique.

6. F^d *Bastin*, lith. In-fol. à cheval.

P.

PALISSOT *de Montenoy* (CHARLES), littérateur et auteur dramatique, membre de plusieurs sociétés savantes, administrateur de la Bibliothèque Mazarine, né en 1730 à Nancy, *Meurthe*, m. à Paris en 1814.

1. Peint en 1775 par Ch. *Monnet*, gravé en 1777, par P. P. *Choffard*. In-8.

2. Dessiné par Ch. *Monnet*, 1788, gravé par P. P. *Choffard*. In-8.

3. *Odevare* pinxit, *Gautier*, sculp. In-8, ou *Disart*.

4. *De St-Aubin* pinx., *Poletnich* sculp. In-8.

5. *Monnet* pinxit, E. *Voysard* sculp. In-8.

6. Au trait, in-18, dans la Biog. universelle.

7. *Monnet* pinxit, E *Voysard* sculp. In-18.

PARISET (ÉTIENNE), médecin de la Salpêtrière, secrétaire perpétuel de l'Acad. royale de médecine, off. de la Lég.-d'Honneur, ancien censeur, né en 1770 à Grand, *Vosges*, m. en juillet 1847.

1. *Perrot*, lith. In-4.

2. Dessiné par *Gabriel*. lith. In-8.

3. Mauzaisse *F*, lith. In-8.

4. Ambroise *Tardieu*. In-8.

5. Dans un rond in-18, D. à dr., au bas E. *Pariset*.

PELLEGRIN (   ) curé de Sommercourt, né en nov. 1732, à Bourmont, *Haute-Marne*, député du clergé de Bar-le-Duc à l'Ass. nationale de 1789.

1. *Dessin*, in-8, B. N.

2. *Mulard*, del., *Voyez J^{or}*, sc. In-8.

PELLET (Jean-Franç.), avocat, poète, né le 2 nov. 1781 à Epinal, *Vosges*, m. à Epinal le 14 fév. 1850.

Perrin del., *Vauchery* sculp. In-8.

PIROUX (Joseph), directeur de l'institution des Sourds-Muets à Nancy, né en 1800 à Hudicourt, *Vosges*.

1. E. *Pierre*, lith. In-4.

2. *Régnier*, lith. In-4.

PIXÉRÉCOURT (Réné-Charles-Guilbert de), auteur dramatique, né en 1773 à Nancy, *Meurthe,* m. à Nancy, en juillet 1844.

Mme *Cheradame* pinxit, *Bosselmann* sculpsit. In-8.

POIGNANT (Jean), président du parlement de . Mihiel, en 1584.

P. W. B. (*Woeiriot*) In-18, les titres sur la bordure.

PONS (Phil.-Laur.) *de Verdun*, avocat, poète, membre de la Lég.-d'Honneur, député de la Meuse à la Convention, aux 500, commissaire près le tribunal d'appel de la Seine, substitut du Procureur-général de la cour de cassation, né à Verdun, *Meuse,* m. à Paris, le 16 mai 1844.

Gonord, profil à g. dans un rond. In-18. n° 68.

POUPART (Jean-Bapt.), inspecteur de l'Université, bibliothécaire de la ville de Lyon et membre de l'Académie de cette ville, né en 1768 à St-Diey, *Vosges*, m. à Lyon le 1er mars 1827.

1. Lith. de H. *Brunet* à Lyon. In-8.

2. *Fontaine* 1840, gravure. In-8.

PRUGNON (Louis-Pier.-Jos.), avocat, né en 1747, à Nancy, *Meurthe,* député du tiers-état du bailliage de Nancy à l'Ass. nationale de 1789, se fixa à Paris après la session, et y fut avocat consultant, il revint à Nancy et y est m. en 1828.

1. *Dessin*. In-8, B. N.

2. *Perrin* del., *Letellier* sc. In-8.

R.

RAVIGNAT (Ant.), adjudant-major au 3e régiment de

hussards, né à Bacarat, *Meurthe*, se noya dans la Seine en voulant sauver un domestique qui avait disparu sous les eaux, en 1803.

Vignette avec texte In-4.

RÉGNIER (Claude-Ambroise), duc de Massa Carrara, grand-aigle de la Lég.-d'Honneur, grand juge, ministre de la justice et de la police, membre de l'Institut; était avocat en 1789, il fut député du tiers-état du bailliage de Nancy à l'Assemblée nationale, du département de la Meurthe au conseil des anciens en 1795 et 1799, nommé en 1802 grand juge, ministre de la justice et de la police, élu a l'Institut en 1804, nommé grand-aigle de la Lég.-d'Honneur en 1805, créé duc en 1809, sénateur en 1811, ministre d'État en 1813, né le 5 nov. 1746 à Blamont, *Meurthe,* m. à Paris le 24 juin 1814.

1. *Dessin* In-8. B. N.
2. *Labadye* del., *Texier* sc. In-8.
3. Mlle *de Noireterre* del., *Velyn* sc. In-8.
4. Mlle *de Noireterre* del., *Velyn* sc. In-4.
5. Gravé par *Leclerc.* In-fol. en pied.
6. *Isabey* del., J. F. *Ribault* sculp. 1807. In-fol.

RÉMY (Jean-Bapt.-Georges), ancien sous-lieutenant dans la première légion de la Seine, né en 1795 à Bar-le-Duc, *Meuse.*

Lith. In-8, profil à dr. au bas, *Rémy, G*^t.

RENAULDIN (Léopold Jos.), littérateur, médecin en chef de l'Hôpital Beaujon, membre de l'Académie roy. de médecine, né le 27 juin 1775 à Nancy, *Meurthe.*

Ambroise *Tardieu* direxit. In-8.

RIGNY (Henri-Marie-Daniel), comte, vice-amiral, ministre de la marine, grand cordon de la Lég.-d'Honneur, chev. de St-Louis et de divers O. né le 2 fév. 1782, à Toul, *Meurthe,* m. le 7 sept. 1835.

1. A Paris, chez *Charon.* In-fol.
2. A Paris, chez *Schira.* In-fol.
3. G. *Lepaulle* pinx^t et *Branche* sculp^t In-4.

Rigny. suite.

   4 *Levilly*, lith. In-4.

   5. A *Maurin* 1836, lith. In-4.

   6. Dessiné en 1832 et gravé par Ambroise *Tardieu* In-8.

   7. Profil à g. in-12 de *Rigny* | vice-amiral français.

   8. *Lepaulle* pinx., *Brown* sculp. sur bois in-4, en pied.

RISTON (Jacques-César), avocat, né le 24 avril 1759 à Nancy, *Meurthe*, fixé à Paris en 1789.

   1. Dess. et gravé par *Quenedey*. In-8.

   2. Dess. et gravé par *Quenedey*, profil à g. In-18, 0. 70.

RIVARD (Domin-Franç.), clerc tonsuré, mathématicien, ancien professeur de philosophie au collége de Beauvais, né en 1697 à Neufchâteau, *Vosges*, m. à Paris le 5 avril 1778.

   1. *Valade* delineavit et pinxit, M. *Aubert,* sculpsit. In-f.

   2. *Valade* delineavit et pinxit, *Pinsio* sculpsit. In-f.

   3. Chez *Petit*, suite de *Desrochers*. In-8.

   4. *Ovale* in-8, D. à dr., au bas 3 lig.

ROBAINE (Catherine), née et domestique à Voiremont, *Meurthe*, signala son dévoûment le 17 avril 1802, en exposant sa vie pour sauver des flammes le fils et les bestiaux de son maître, qui auraient péri victimes d'un incendie qui détruisit les granges et les écuries.

   Lafitte del , *Couché* fils, aquae forti, vignette. In-4.

ROBERT (Joseph), ancien adjudant-sous-officier dans la légion de la Meurthe, né en 1793 à Phalsbourg. *Meurthe*.

   Profil à dr.. lith. In-8, au bas, *Robert* adj^t.

ROCHELLE de Brécy (Adèle-Isabelle-Jeanne), romancière, né le 7 fév. 1772 à Lunéville, *Meurthe*

   Jul. *Boilly*, lith. In-fol

ROGER (Michel). dit *Loiseau*, âgé de 33 ans, coaccusé de Georges *Cadoudal*, né à Toul, *Meurthe*, condamné à mort le 10 juin 1804, exécuté le 24 du même mois.

   Dumontier del.. *Gautier* sculp^t. in-8.

ROLLAND (Gustave). capitaine du génie, député de la Moselle à l'Ass. constituante de 1848, né le 16 juillet 1809 à Vatimont, *Moselle*.

Lith. d'ap. nat., par *Patout*. In-4.

ROUYER (MARIE-FRANÇ.). baron, général de division, commandant de la Lég.-d'Honneur, chev. de St-Louis, né le 2 mai 1765 à Voussay, *Vosges*, m. le 10 août 1824.

Vignette avec texte In-4.

ROYER DE NOMCY (CHAR.-DIDIER), poète, docteur en théologie, né à Sarrebourg, *Meurthe*.

Iconem præfigebat J. A. S. chalcograph^q titre In-8.

S.

S-BALMONT (ALBE-BARBE-d'ERNECOURT dame de) née en 1607 à Neuville en Verdunois, *Meuse*, mariée le 29 fév. 1624 à J. J. d'Haraucourt, seigneur de St-Balmont, etc., veuve en 1644, m. en son château de la Neuville le 22 mai 1660.

1. J. *Frosne* sculpsit. In-4.
2. P. *Aubry* sculpsit. In-8
3. *Fauchery* sculp^t. In-8.
4. Par B. *Moncornet*, buste. In-8.
5. Par Baltasar *Moncornet*. In-4, à cheval.

S. LAMBERT (CHAR.-FRANÇ.), poète, écrivain moraliste et philosophe, membre de l'Académie française, grand-maître de la garde-robe du roi de Pologne, mestre de camp de cavalerie, gouverneur de Joinville, né en 1717 à Nancy, *Meurthe*, m. à Paris le 9 fév. 1803.

1. Gravé par *Adam*. d'après l'original. In-8.
2. *Scall* pinx^t, *Pourvoyeur* sculp^t. In-18.

S.-URBAIN (FERDINAND DE), graveur en médailles et architecte, né en 1654 à Nancy, *Meurthe*, m. à Nancy en 1738.

Lith. d'après un tableau du cabinet de M. *Noel*. In-8.

SALM (JEAN, comte de), baron du Vivier, maréchal de Lorraine, grand-maître de l'hôtel du duc et gouverneur de Nancy, m. en 1600.

1. P. W. B. (*Woeiriot*), f. In-18.
2. Jacob^q *ab heyden* fecit et excudit. In-8.

SALMON (Jean-Bapt.), professeur d'humanités au collége de Nancy, né à Nancy, *Meurthe*, m. à Nancy en 1848.

Dessiné et gravé par *Quenedey*. In-18.

SALMON (Char.-Aug.), procureur de la République près le tribunal de S.-Mihiel, député de la Meuse à l'Ass. constituante de 1848 et à la législative de 1849, né le 27 fév. 1805 à Riche, *Meurthe*.

Lith. d'après nature, par *Desmadryl*. In-4.

SAULNIER (Pier.-Diéudonné-Louis), administrateur-central du département de la Meurthe sous la Convention et le Directoire, préfet de la Meuse en 1800, secrétaire-général de la police de 1804 à 1814, député en 1816 et années suivantes, né le 1er janv. 1767 à Nancy, *Meurthe*, m. au commencement de 1838.

Ovale in-8, d. à dr., suite de *Tardieu*.

SCHMITS (Louis-Joseph), baron, chevalier de la Lég.-d'Honneur, ancien avocat, conservateur des eaux et forêts à Nancy, né le 8 sept. 1758 à Château-Salins, *Meurthe*, député du bailliage de Sarreguemines à l'Ass. nationale de 1789, m. à Château-Salins, en 1819.

1. *Moreau* del. In-8, *dessin* B. N.

2. *Moreau* del. *Letellier* sc. In-8.

SERRE (Pier.-Hercule, comte de) chev. du St-Esprit et de St-Louis, off. de la Lég.-d'Honneur, ministre de la justice, ambassadeur à Naples, né à Pagny sous Prény, *Meurthe,* m. à Naples, le 24 juillet 1824. Ancien avocat, successivement président de la Haute-cour à Hambourg, avocat-général, puis premier président à Colmar, député en 1815 et années suivantes, président de la chambre en 1816 et 1817.

Mlle *de Montfort* pinx^t, *Giroux* sc. In-8.

SICARD (Franç.), capitaine, membre de la Lég.-d'Honneur, littérateur, né le 6 juil. 1791 à Thionville, *Moselle.*

Llanta, lith. In-4.

SILVESTRE (ISRAEL), dessinateur du cabinet du roi, graveur célèbre pour les vues et bâtiments, né en 1621 à Nancy, *Meurthe,* m. à Paris en 1691.

Lebrun pinx., G. *Edelinck* scul. In-fol.

SIMON (JEAN-FRANÇ.), curé de Woel, promoteur du décannat d'Hatton-Châtel, né le 5 avril 1746 à Merauvaux, *Meuse*, député du clergé du bailliage de Bar-le-Duc à l'Ass. nat. de 1789.

1. *Dessin.* In-8, B. N.

2. *Duval* del., *Guersant* sc. In-8.

SIMONIN (JEAN-BAPT.), chirurgien en chef des Hôpitaux civils de Nancy, professeur à l'école de cette ville, chev. de la Lég.-d'Honneur, né le 16 août 1785 à Nancy, *Meurthe*,

A. *Legrand*, lith. In-8.

SINGRY (J.-B.), peintre et lithographe, né en 1780 à Nancy, *Meurthe,* mort à Paris en 1820.

N. *Rive* d'après *Singry*, lith. In-4.

SONNINI DE MANONCOURT (CHAR.-Nᵃˢ-SIGISBERT), naturaliste, voyageur et agronome, ancien off. et ingénieur de la marine, né le 1ᵉʳ fév. 1751 à Lunéville, *Meurthe,* m. à Paris, le 9 mai 1812.

1. *Bornet* del., an 7, R. *Delvaux* sculp. In-8.

2. *Langlois de Sézanne* pinxit, *Phelippeaux* sculp. In 8.

3. *Bonnet* del., *Ridley* sculp. In-8.

4. *Langlois de Sezanne* pinxit, E. *Voysard* sculp. in-8.

STANILAS *Leszczynski,* roi de Pologne, palatin de Posnanie, duc de Lorraine et de Bar, né le 20 oct. 1677 à Léopol, élu roi en 1704, couronné en 1705, nommé de nouveau en 1733, renonce à la couronne en 1736 en conservant le titre de roi, prend possession du duché de Lorraine en 1737, m. le 23 février 1766.

Portraits in-fol.

1. *Vanloo* pinx. *Cars* filius sculpsit.

2. *Franxishini* pinx., Ga. *Dagoty* sculp.

3. *Fontaine* pinxit, *Fillœul* sculp.

4. *Girardet* pinxit, *Georges* del., lith.

Stanilas, suite in-fol.

5. Daniel *Klein* pinxit, Joh. Jacob *haid* excudit.

6. Dessiné en Lorraine par P. *Girardet* et gravé par J. C. *Lotha*, avec emblèmes.

7. *Lunebourg* pinx., *Moitte* sculps.

8. Christophe *Weigel* excudit.

Portraits in-4.

9. Dans un *carré*, D. à g., au bas 3 lig.

10. Gravé et présenté par *Du Boulois* le 25 août 1752.

11. Peint par J. B. *Vanloo*, gal. de Versailles.

12. *Julien*, lith.

13. *Petit* sculp., 1761.

14. *Pologne*, au bas *Stanislas Leszczynski*. D à dr.

Portraits in-8.

15. J. *Besoet* sculp.

16. J. *Besoet* sculp., médaille, 1704, profil à dr.

17. J. *Besoet* sculp., médaille, 1705, profil à dr.

18. J. *Besoet* sculp., médaille, 1733, profil à dr.

19. J. *Besoet* sculp , médaille, profil à g.

20. Publié par *Blaisot*.

21. *De Boubers* fecit, au bas 4 vers.

  Son nom vivra dans tous les âges.

22. Dans un *carré*, au bas 2 lig. latines, regarde à g.

23. Peint par *Massé*, gravé par L. J. *Cathelin*, 1764.

24. De la collection de Léonard *Chodzko* par le procédé d'Achille *Collas*, médaille.

25. *Girardet* del., *Collin* sculp., oblong.

27. Chez *Crépy*.

27. Chez E. *Desrochers*.

28. *François* fecit, au bas les vers du n° 21.

29. Michel *Stachowicz* del., *Geoffroy*, sc.

30. Dans les hom. utiles. D. à dr., *Stanislas Leszczinski*.

31. Ch. *Eisen* inv. *Lemire* sculp. 1757, buste soutenu par Minerve : *felicitas lotharingiœ*.

32. *Octogone* échancré aux 4 coins, au bas 2 lig. D. à d.

33. Ovale, D. à dr., *Stanislavs late king of Poland*.

Stanislas, in-8 suite.

34. Suite de *Pujol,* au trait. D.à g.

35. De la collection de Léonard *Chodzko,* gravé par Achille *Réveil,* 2 médailles.

36. C. *Roy* sculp.

Portraits in-18.

57. *A claire voie.* D à dr., au bas 2 lig.

38. *Buste* dans une bordure cintrée, sans fond. D. à g.

39. *François* sculptor regius fecit.

Portraits en pied et à cheval.

40. Chez *Chiquet.* In-fol.

41. *Vanloo* pinxit, chez N. *De Larmessin.* In-fol.

42. Chez J. *Mariette.* In-f., la main dr. sur la couronne.

43. *Parizeau* inv. 1767, N. *Ponce* sculp. In-8.

44 Chez *Barey,* in-fol. à cheval. D. à g.

Catherine Opalinska sa femme, fille d'*Henri Opalinski,* castellan de Posnanie et de *Catherine* Czarnkowska, née le 5 nov. 1680, mariée en 1698, m. le 19 mars 1747.

1. Peint par J. B. *Vanloo, gal.* de Versailles. In-4.

2. J. *Besoet* sculp. In-8.

3. Chez E. *Desrochers.* In-8, chés *Daumont.*

4. *Vanloo* pinxit. N. *De Larmessin* sculp. in-f., en pied.

5. Chez J. *Mariette* in-f., en pied, *la reine de Pologne.*

STOFFLET (NICOLAS), général en chef des armées royales en Vendée, ancien soldat, garde de chasse du comte de Maulevrier, né en 1751 à Lunéville, *Meurthe,* fusillé le 25 fév. 1796.

1. Dans un ovale in-4. D. à g., au bas 2 lig.

2. Imp. lith. *Formentin,* In-8.

3. *Z^m Belliard* del., 1836, lith. in-fol., en pied.

T.

THIBAULT DE MÉNONVILLE (FRANÇ.-LOUIS), maréchal de camp, né le 1er juil. 1740 à Villé. *Vosges,* député de la noblesse du bailliage de Mirecourt à l'Ass. nationale de 1789.

1. Dessin in-8, par *Labadye*. B. N.

2. *Labadye* del., N. F. G. *Masquelier* sc. In-8.

THIEBAULT (DIEUDONNÉ), littérateur, membre de diverses académies, chef du bureau de la librairie, né le 26 déc. 1733 à La Roche, près Remiremont, *Vosges*, m. à Versailles le 5 déc. 1807.

1. Engraved by H. *Adlard*. In-8.

2. *Hilaire* del., *Lambert* Jne sc. In-8.

THIERRIAT D'ESPAGNE (CHAR. DE), chev., seigneur de Petit-Pré, gouverneur de Thionville, né en 1626, m. à Thionville le 20 juin 1711.

Habert sculp. In-8.

THIÈRY (J. P.), ancien adjudant du château de Versailles et des deux Trianons, commandant les surveillants de ces deux palais, garde-général forestier en retraite, né à Verdun, *Meuse*.

Lalouette fecit, lith. In-8.

TOUSTAIN (JOS.-MAUR., comte de) de Viré et de Ménonville, né en 1730 à Nancy, *Meurthe*, député de la noblesse du bailliage de Mirecourt à l'Ass. nationale de 1789.

1. Dessin in-8 par Augustine *Delorme*. B. N.

2. Aug. *Delorme* del., *Voyez* sc. In-8.

TURCK (LÉOPOLD), médecin à Plombières, député des Vosges à l'Ass. constituante de 1848, né le 11 nov. 1797 à Nancy, *Meurthe*.

1. A. *Collette* lith. In-fol.

2. Lith. d'après nature par Soulange *Teissier*. In-4.

V.

VALENTIN DE LA FELOUZE (J.-BAPT.), écrivain politique, publiciste, rédacteur et directeur du Courrier Français, né le 20 juillet 1777 à Bruyères, *Vosges*.

Par M. *Uzanne*. A. B. L. Sur bois, in-8.

VALMONZEY (Mlle), sociétaire de la comédie-française, née en 1799 à Nancy, *Meurthe*, m. à Paris en fév. 1835.

B. *Hennon-Dubois* lith. In-4, assise.

VARIN (Char.), auteur dramatique, né en 1778 à Nancy, *Meurthe*.

M. *Alophe* lith. In-4.

VASSART (Nic.), de Bar-le-Duc, jurisconsulte et professeur en droit, âgé de 38 ans, 1624.

M. L. (*Lasne*), 1624. In-4.

VERDER (Cath.-Mélanie-Monot-Osvalt, fem.), âgée de 30 ans, née à Lunéville, *Meurthe*, arrêtée avec son mari pour la conspiration de G. Cadoudal.

Dumontier del., *Gautier* sculp. In-8.

VERDET (Louis), docteur en théologie, curé de Vintrange, né le 25 mars 1744 à Nancy, *Meurthe*, député du clergé du bailliage de Sarreguemines à l'Ass. nationale de 1789, nommé curé de Sarreguemines.

1. *Lambert* del. In-4, *dessin* B. N.

2. *Lambert* del., Mme *Cernelle* sculp. In-4.

3. *Labadye* del. In-8, *dessin* B. N.

4. *Labadye* del. *Voyez* J^or sc. In-8.

VIARD (Louis-Réné), lieutenant de police à Pont-à-Mousson, député du tiers-état du bailliage de Bar-le-Duc à l'Ass. nationale de 1789, nommé directeur des droits réunis du départ. de la Meurthe en 1804, créé baron, né le 14 janvier 1748 à Pont-à-Mousson, *Meurthe*, m. à Pont-à-Mousson en 1833.

Moreau del. In-8, *dessin* B. N.

VICTOR (Claude Perrin, dit), duc de Bellune, pair et maréchal de France, major-général de la garde royale, ministre de la guerre, grand cordon de la Lég.-d'Honneur, né le 7 déc. 1764 à la Marche, *Vosges*, m. à Paris le 1er mars 1841.

1. *Martinet* del., chez *Charon*. In-f., *actions glorieuses*.

2. Imp. lith. de Mme *Formentin*. In-fol.

3. *Maurin* lith. In-fol.

4. Chez l'*auteur*, quai de Gesvres, lith. In-4.

5. *Quenet* del., *Renard* sculp. In-4.

6. Lith. de *Villain*. In-4.

Victor, suite.

7. I. lith. de *Delpech*. In-8.

8. *Eau forte* In-8, D. à g., au bas le m^(el) *Victor*.

9. *Fauchery* del., gravure in-8.

10. *Forestier* sculp. In-8.

11. Imp. de *Mantoux*, lith. In-8.

12. Dans la France militaire. In-18.

Portraits en pied.

13. *Martinet* pinxit, *Charon* sculpsit. In-fol.

14. Peint par *Gros*, galerie de Versailles. In-4.

15. J. G. lith. In-8, *Galerie* historique.

16. *Gros* pinx^t, C. *Normand* sc. In-8.

Portraits à cheval.

17. Chez *Jean*. In-fol.

18. Chez *Noël*. In-4.

VIOMÉNIL (CHAR.-JOS.-HYACINTHE, comte du Houx, m^(is) de), pair et maréchal de France, chev. de S.-Louis., comm. de la Lég.-d'Honneur, né en 1789 à Ruppes, *Vosges*, gouverneur de la Martinique et des îles du Vent en 1789, passa en Russie en 1791 où il fut nommé lieut.-général, entra au service du Portugal avec le même grade, nommé maréchal de France en 1816, m. à Paris le 5 mars 1827.

1. L. *Boilly*, 1827, lith. In-fol.

2. Lith. de *Villain*. In-4.

3. Peint par *Delavalle*, gal. de Versailles. In-4 en pied.

VIOX (ANT.-JOS.), avocat, maire de Lunéville, député de la Meurthe à l'Ass. constituante de 1848, né le 16 mars 1803 à Lunéville, *Meurthe*.

1. *Courtois* lith. In-fol.

2. Lith. d'après nature par *Lemoine* jeune. In-4.

VOGIN (PIER.-AUG.), ingénieur des Ponts-et-Chaussées, né le 2 fév. 1809 à Dieuze, *Meurthe*, député de la Meurthe à l'Ass. constituante de 1848.

1. *Sele* F^t lith. In-fol.

2. Lith. d'après nature par Marin *Lavigne*. In-4.

VOIART (ANNE-ELISAB. PETIT-PAIN , ELISE) , romancière, née en 1785 à Nancy, *Meurthe*.

P. J. *David* del., A. *Delvaux* sc. In-18.

VOIDEL (J. G. CHAR.), avocat à Marchanges, né le 8 sept. 1758 à Château-Salins, *Meurthe*, député du tiers-état de Sarreguemines à l'Ass. nationale de 1789.

1. *Labadye* delineavit In-8. *Dessin* B. N.

2. *Labadye* del., *Letellier* sc. In-8.

3. *Lambert* del.. *Coqueret* scul. In-4.

W.

WELCHE (NIC.), chev. de la Lég.-d'Honneur, ancien secrétaire-général de la préfecture, maire de Nancy, député des Vosges de 1816 à 1824, né en 1772 à Senones, *Vosges*, m. à Nancy le 24 mai 1844.

Ovale in-8. D. à dr., suite de *Tardieu*.

WILLEMET (RÉMI), professeur de botanique et de chimie au collége de Nancy, doyen des apothicaires, membre de diverses académies, né en 1735 à Noroy-devant-le-Pont, *Meurthe*, m. à Nancy, le 24 juil. 1807.

J. de *Collin* del., C. W. *Bock* sc. In-8.

WOEIRIOT (PIERRE), dessinateur et graveur, né en 1532. Petrus *Woeiriot* faciebat 1556 In-48, æt. 24.

FIN.

MAISON DE LORRAINE.

GÉRARD *d'Alsace*, duc et marchis, fils de Gérard Ier, comte de Sargaw et de *Gisèle* de Saumbourg, créé duc en 1048, m. en 1070, enterré dans l'église de l'abbaye de Remiremont.

J. *Magni* del., C. *Fauccj* sc. In-fol.

HADWIDE de Namur, sa femme, fille d'*Albert*, comte de Namur, et d'*Ermengarde* de France, mariée en 1049, m. en 1073, inhumée dans le prieuré de Fontenoy qu'elle avait fondé : elle y était représentée en sculpture.

J. *Magni* del., C. *Faucej* sc. In-fol.

THIERRY, fils des deux précédents, succède à son père en 1070, meurt en 1115, inhumé au prieuré de Fontenoy.

1. J. *Magni* del., P. A. *Pazzi* sc. In-fol.

2. P. *Woeiriot*. In-18.

GERTRUDE de Flandre, sa femme, fille de *Robert* le Frison, comte de Flandre, et de *Gertrude*, comtesse de Frise, mariée vers 1081.

J. *Magni* del., P. A. *Pazzi* sc. In-fol.

SIMON I *le Belliqueux*, fils des deux précédents, succède à son père en 1115, m. le 4 janvier 1139, enterré dans l'abbaye de Sturzelbrunn.

1. J. *Magni* del., C. *Faucej* sc. In-fol.

2. P. W. B. *Woeiriot*. In-18.

ADÉLAIDE de Saxe-Querfort, sa femme, fille de *Gérard*, comte de Saxe, et d'*Hadwide* de Nuremberg, mariée en 1116 m. en 1143, inhumée à l'abbaye du Tart.

J. *Magni* del., C. *Faucej* sc. In-fol.

MATHIEU I, leur fils, succède à son père en 1139, m. en 1176, inhumé dans l'abbaye de Clairlieu, dont il est le fondateur.

1. J. *Magni* del., P. A. *Pazzi* sc. In-fol.

2. P. W. B. *Woeiriot*. In-18.

BERTHE de Souabe, sa femme, fille de Frédéric II, duc

de Souabe, sœur de l'empereur *Barberousse*, mariée en 1137, m. en 1192, inhumée avec son époux.

J. *Magni* del., C. *Fauccj* sc. In-fol.

SIMON II, fils des deux précédents, commence à régner en 1176, abdique en 1205, se retire à l'abbaye de Sturzelbrunn, y meurt en 1207 sans postérité.

1. J. *Magni* del., C. *Fauccj* sc. In-fol.

2. P. W. B. *Woeiriot*. In-18.

Ide de Vienne, sa femme, fille de *Gérard*, comte de Vienne et de Mâcon, et de *Guyenne* de *Salins*, mariée en 1160, m. en 1179, enterrée à l'abbaye de N.-D. de Goile.

J. *Magni* del., C. *Faucci* sc. In-fol.

FERRI I, dit de *Bitche*, frère du précédent, lui succède en 1205, meurt en 1207.

1. J. *Magni* del., P. A. *Pazzi* sc. In fol.

2. P. W. B. *Woeiriot*. In-18.

Ludomille de Pologne, sa femme, fille de Micislas duc de Pologne, mariée en 1166, m. en 1223.

J. *Magni* del., C. *Fauccj* sc. In-fol.

FERRI II, fils des deux précédents, succède à son père en 1207, m. à Nancy le 12 oct. 1213.

1. J. *Magni* del., C. *Fauccj* sc. In-fol.

2. P. W. B. *Woeiriot*. In-18.

Agnès de Bar, sa femme, fille de *Thibault I*, comte de Bar, et de *Laurette* de Loz, mariée en 1182, m. en 1225.

J. *Magni* del., P. A. *Pazzi* sc. In-fol.

THIBAULT I, fils des deux précédents, succède à son père en 1213, meurt sans postérité en 1220.

1. Jos. *Magni* del., P. A. *Pazzi* sc. In-fol.

2. P. W. B. *Woeiriot*. In-18.

Gertrude de Dagsbourg, sa femme, fille d'*Albert*, comte de Dagsbourg, et de *Gertrude de Loz*, mariée en 1205, m. en 1225, inhumée à Sturzelbrunn.

Jos. *Magni* del., P. A. *Pazzi* sc. In-fol.

MATHIEU II, frère du précédent, lui succède en 1220, m. le 10 février 1251, enterré à Sturzelbrunn.

1. Giuliano *Traballesi* del., P. A. *Pazzi* sc. In-fol.

2. P. W. B. *Woeiriot*. In-18.

CATHERINE de Limbourg, sa femme, fille de *Valeran I*, duc de Limbourg, et d'*Ermenson*, comtesse de Luxembourg, mariée en 1225, m. en 1258, enterrée dans l'abbaye de Beaupré.

Julian. *Traballesi* del., C. *Fauccj* sc. In-fol.

FERRI III, fils des deux précédents, succède à son père en 1251, m. à Nancy le 31 déc. 1303, enterré dans l'abbaye de Beaupré.

1. Giuliano *Traballesi* del., P. A. *Pazzi* sc. In-fol.

2. P. W. B. *Woeiriot*. In-18.

MARGUERITE de Navarre, sa femme, fille de *Thibault I*, roi de Navarre, comte de Champagne, surnommé le *Troubadour*, et de *Marguerite* de Bourbon-Archambaut, mariée en 1255, m. à Nancy en 1310, enterrée dans l'église des Dames-Pécheresses.

Julian *Traballesi* del., C. *Fauccj* sc. In-fol.

THIBAUT II, fils des deux précédents, succède à son père, meurt à Milan le 3 mai 1312; son corps fut transporté à l'abbaye de Beaupré où il fut inhumé.

1. J. *Magni* del., P. A. *Pazzi* sc. In-fol.

2. P. W. B *Woeiriot*. In-18.

ISABELLE de Rumigny, sa femme, fille de *Hugues II*, comte de Rumigny et de *Florines*, mariée en 1280, m. vers 1325

J. *Magni* del., C. *Fauccj* sc. In-fol.

FERRI IV, surnommé le *Lutteur*, fils des deux précédents, né le 5 avril 1282 au château de Gondreville, *Meurthe*, succède à son père en 1312, est tué le 23 août 1328 à la bataille de Montcassel, inhumé à l'abbaye de Beaupré.

J. *Magni* del., P. A. *Pazzi* sc. In-fol.

ELISABETH d'Autriche, sa femme, fille de l'empereur *Albert*, et d'*Élisabeth*, duchesse de Carinthie, mariée en 1304, m. le 19 mai 1352.

J. *Magni* del., C. *Faucej* sc. In-fol.

RAOUL, fils des deux précédents, succède à son père en 1329 , est tué à la bataille de Crécy le 26 août 1346, inhumé à labbaye de Beaupré.

1. J. *Magni* del., P. A. *Pazzi* sc. In-fol.

2. P. W. B. *Woeiriol* In-18.

MARIE de CHATILLON, sa deuxième femme, fille de *Gui I* de Châtillon, comte de Blois, et de *Marguerite* de Valois, mariée en 1336, m. en 1365.

J. *Magni* del., C. *Faucej* sc. In-fol.

JEAN I, fils des deux précédents, commence à régner en 1346, crée en 1380 l'O. de chevalerie de Lorraine, m. à Paris, le 27 sept. 1389, enterré dans l'église de St Georges à Nancy.

1. Jos. *Magni* del., Fer. *Grégori* inc. In-fol.

2. P.-W. B. *Woeiriol*. In-18.

SOPHIE de WIRTEMBERG, sa première femme, fille d'*Eberhard III*, comte de Wirtemberg et d'*Élisabeth* d'Henneberg, mariée en 1366, m. en 1369.

J. *Magni* del., C. *Faucej* sc. In-fol.

CHARLES I, dit *le Hardi,* fils des deux précédents, né en 1364, succède à son père en 1369, m. le 25 janv. 1431.

1. Giuliano *Traballesi* del., P. A. *Pazzi* sc. In-fol.

2. P. W. B. *Woeiriol.* In-18.

MARGUERITE de BAVIÈRE, sa femme, fille de *Robert* de Bavière, depuis empereur, et d'*Élisabeth* de Nuremberg, mariée en 1393, m. en 1434.

Julian *Traballesi* del., C. *Faucej* sc. In-fol.

Isabelle, leur fille, ci-après.

RÉNÉ I *d'Anjou*, roi de Jérusalem et de Naples, duc d'Anjou, de Lorraine et de Bar, marquis de Pont-à-Mousson, comte de Barcelonne, de Provence et de Forcalquier, fils de Louis II roi de Naples, duc d'Anjou etc., et d'*Yolande* d'Aragon, né le 16 janv. 1408 au château d'Angers, *Maine-et-Loire*, m. à Aix en Provence le 10 juil. 1480.

1. *Coelemans*, cœl. 1711. In-fol.

Réné d'Anjou, suite.

2. Ovale. In-fol. D. à g. sur la tablette, *renatus | andega-vensis.*

3. Jos. *Magni* del., P. A. *Pazzi* sc. In-fol.

4. Gravé sur un portrait original de son temps, *ovale* In-4 D, à g. au bas 5 lig.

5. A. L. pinx, *Aubert* sculp. In-8.

6. M. F. (*Frosne*) f. In-8.

7. Lith. par L. F. *Garnier*. In-8.

8. *Grégoire* del. et sculp. In-8.

9. Dans l'histoire de Naples. In-8, vu de face.

10. Dans *Montfaucon*. In-8, copie du n° 4.

11. Profil à dr. In-8. *Renato rey | de Sicilia*, le même dans un passe-partout. In-fol.

12. *Se ipsum* pinx., C. S. *Gaucher* incid. In-18.

13. P. W. B. *Woeiriot*. In-18, avec sa femme.

Portraits assis ou debout.

14. Dans un carré in-4, d. à g., coiffé d'un chapeau à larges bords, Sur la g., l'attaque d'une place.

15. *Chasselat* del., *Geille* sc. In-4, assis.

16. P. J. *David* del., lith. par L. J. Garnier. In-8.

17. Sur bois in-8. D. à g.

18. Dans *Montfaucon*. In-18, pl. 165.

ISABELLE DE LORRAINE, sa première femme, fille de *Charles II*, et de *Marguerite* de Bavière, lui apporta pour dot le duché de Lorraine, mariée le 24 oct. 1420, m. en 1453, inhumée à Angers près Réné.

1. Jos. *Magni* del., P. A. *Pazzi* sc. In-fol.

2. P. W. B. *Woeiriot*, avec Réné.

3. Dans *Montfaucon*. In-18 en pied.

4. Dans *Montfaucon*. In-18 à genoux.

JEAN, ci-après.

Yolande, après Ferri II.

Marguerite d'Anjou, fille de *Réné* et d'*Isabelle*, née le 25 mars 1429 à Pout-à-Mousson, *Meurthe*, mariée en 1444 à Henri VI, roi d'Angleterre, m. à Dampierre le 25 août 1482.

Marguerite d'Anjou, suite.

1. J. *Faber*. In-fol.
2. Ad. *Van der Werf* p., P. A. *Gunst* sc. In-fol.
3. *Sergent* del. 1787, *Ridé* sculp. In-4.
4. Pub. June 1801, by Edward *Harding*. In 8.
5. *Sergent* del., *Landon* direx. In-18-8.
6. Dessiné par *Jacquand*, gravé par *Leclerc* In-4, à genoux.

JEANNE DE LAVAL, fille de *Gui XIV*, comte de Laval, et d'*Isabeau de Bretagne*, deuxième femme de Réné, mariée le 10 sept. 1484 à Angers, morte au château de Beaufort en 1498.

1. *Ovale* in-4, D. à dr., au bas 4 lig.
2. Lith. par L. F. *Garnier* In-8. d'après le Roi *Réné*.
3. Dans *Montfaucon*, In-8, à genoux.

JEAN II D'ANJOU, fils de *Réné* et d'*Isabelle* de Lorraine, né le 2 août 1425, reçoit la couronne en 1452, m. à Barcelonne en 1470.

1. Giuliano *Trabellesi*, del. p. A *Pazzi* sc. In-fol.
2. P. W. B., *Woeiriot*. In-18.

MARIE DE BOURBON, sa femme, fille de *Charles* duc de Bourbon et d'Auvergne, et d'*Agnès* de Bourgogne, mariée en 1437, m. à Nancy en 1448.

J. *Trabellesi* del., C. *Faucci* sc. In-fol.

NICOLAS *d'Anjou*, fils des deux précédents, succède à son père en 1470 m. à Nancy le 24 juil. 1473.

1. Giuliano *Traballesi* del., p. A. *Pazzi* sc. In-fol.
2. P. W. B. *Woeiriot*. In-18.

BRANCHE DE LORRAINE-VAUDEMONT.

FERRI I, seigneur de Guise, surnommé *le courageux*, fils de *Jean* I, duc de Lorraine et de *Sophie* de Wirtemberg, né vers 1368 tué à la bataille d'Azincourt en 1415.

Giul. *Traballesi* del., P. A. *Pazzi* sc. In-fol.

MARGUERITTE de JOINVILLE, comtesse de Vaudemont, sa

femme, fille d'*Henri V*, comte de Vaudemont et de *Marie* de Luxembourg, mariée en 1393 m. en 1416.

Giul. *Traballesi* del., P. A. *Pazzi* sc. In-fol.

ANTOINE, comte de Vaudemont dit *l'entrepreneur*, fils des deux précédents, né vers 1400, m. en 1447.

Giul. *Traballesi* del., P. A. *Pazzi* sc. In-fol.

MARIE D'HARCOURT, sa femme, fille de *Jean* comte d'Harcourt et de *Marie* d'Alençon, elle m. le 19 avril 1476 à 78 ans.

Giul. *Traballesi* del., P. A. *Pazzi* sc. In-fol.

FERRI II ci-après,

Marguerite, fille des deux précédents, Baronnesse d'Arscot et de Bierbeck, mariée en oct. 1432 à *Antoine*, sire de Croy et de Renty, etc. Grand-Maître de France.

En pied in-fol. D. à dr., B. N. maison *de Croy*.

FERRI II, comte de Vaudemont, frère de la précédente, né vers 1419, m. en 1472 enterré dans l'église collégiale de Joinville.

Giul. *Traballesi* del., P. A. *Pazzi* sc. In-fol.

YOLANDE D'ANJOU, fille de *Réné I* et d'*Élisabeth de Lorraine*, mariée en 1445, duchesse de Lorraine en août 1472 après la mort du duc *Nicolas* son neveu, morte à Nancy, le 21 fév. 1482 enterrée près son mari.

Giul. *Traballesi* del., P. A. *Pazzi* sc. In-fol.

RÉNÉ II, ci-après.

Marguerite, fille des deux précédents, née en 1463, mariée le 14 mai 1488 à *Réné* duc *d'Alençon*, pair de France, veuve en 1492, elle fonda le monastère du tiers O. de Sainte-Claire à Argentan, s'y fit religieuse et y m. le 1 nov. 1521.

1. *Dessin* in-4, B. N. *Gaignières* t. VIII p. 61.

2. Van *Schuppen* faciebat, 1660. In-fol.

3. Dans un *octogone*, in-fol. D. à dr.

4. En pied, in-8, D. à g., costume 78.

RÉNÉ II duc de Lorraine et de Bar, frère de la précédente, prend possession du duché le 2 août 1473, m. au château de Haim, le 10 déc. 1508 à 57 ans.

1. Giul. *Traballesi* del., P. A. *Pazzi* sc. in fol.

Réné II, suite.

2. J. *Robert* delineavit, *Gaillard* sculp. In-8.

3. *Ovale* à coins. In-8. profil à g., les noms sur la bordure *au bas :* une pour toutes.

4. P. W. B. *Woeiriot*. In-18.

5. Sur bois in-8, à cheval D. à dr., au dessus : *renatus lothoringiæ dux*.

PHILIPPE de GUELDRES, sa femme, fille *d'Adolphe d'Egmont*, duc de Guedres et de *Catherine* de Bourbon, mariée en 1485, veuve en 1508, se retira aux religieuses de Sainte-Claire à Pont-à-Mousson, fit profession en 1520, m, en 1547 en odeur de sainteté.

1. J. *Traballesi* del., C. *Faucci* sc. In-fol.

2. P. *Van Schuppen* fecit 1686. In 8.

3. In-8 D. à g. devant une croix, au pied de la croix on voit trois couronnes, au bas 4 lig. latines.

ANTOINE, ci-après.

CLAUDE, V. Lorraine-Guise.

Jean de Lorraine, fils de *Réné II* et de *Philippe de Gueldres*, né le 9 avril 1490 à Bar, évêque de Metz en 1501, de Toul en 1517, de Térouane en 1518, créé cardinal en 1518, archevêque de Narbonne en 1520, évêque de Verdun en 1523, de Luçon en 1524, de Valence en 1533, archevêque de Reims en 1533, de Lyon et d'Alby en 1536, puis évêque de Die, Mâcon, Angers et Nantes, fut abbé de Cluny, Fécamp, Noirmoutier, St-Ouen et Gorze; m. le 19 mai 1550.

1. *Dessin* au cabinet *Fontette*.

2. Dans l'Histoire des Cardinaux de F. *Duchesne*. In-4. D. à g.

Louis de Lorraine, comte de Vaudemont, frère du précédent, né le 27 avril 1500, fut abbé de St-Mihiel, évêque de Verdun en 1508, quitta l'état ecclésiastique pour prendre le parti des armes, devint général des lansquenets, m. de la peste en 1528 au siége de Naples.

1. Dans *Thevet*. In-4.

Louis de Lorraine, suite.

2. Dans *Thevet*. In-8.

3. En petit dans la *chronologie* collée. D. à dr., n° 12

4. En petit, copie du n° 3. D. à g.

ANTOINE, duc de Lorraine et de Bar, frère des précédents, né le 4 juin 1489, succède à son père en 1508, m. à Bar-le-Duc le 14 juin 1544.

1. Giul. *Traballesi* del., P. A. *Pazzi* sc. In-fol.

2. *Médaille* et revers in-18, profil à dr.

3. P. W. B. *Woeiriot*. In-18.

Renée de Bourbon, sa femme, fille de *Gilbert de Bourbon*, comte de Montpensier et de *Claire* de Gonzague, mariée à Amboise le 15 mai 1515, m. en 1539.

J. *Traballesi* del., C. *Faucci* sc. In-fol.

FRANÇOIS I, ci-après.

NICOLAS. V. Lorraine-Mercœur.

Anne de Lorraine, fille d'*Antoine* et de *Renée*, née le 25 juil. 1522, mariée 1° en 1540 à *Réné de Nassau*, 2° à *Philippe II de Croy*, duc d'Arscot.

En pied, gravure in-fol. B. N. maison de *Croy*.

FRANÇOIS I, frère de la précédente, succède à son père en 1544, né au château de Bar le 15 fév. 1517, m. à Remiremont le 12 juin 1545.

1. Jo. *Magni* del., P. A. *Pazzi* sc. In-fol.

2. P. W. B. *Woeiriot*. In-18.

Christine de Dannemarck, sa femme, fille de *Christiern II*, roi de Dannemarck, et d'*Élisabeth d'Autriche*, mariée en 1541, m. en 1590.

1. Jos. *Magni* del., P. A. *Pazzi* sc. In-fol.

2. Avec *Nicolas*, comte de Vaudemont, *Woeiriot*. In-18.

CHARLES III, ci-après.

Renée de Lorraine, fille des deux précédents, née le 20 avril 1544, mariée à Munich le 25 fév. 1568 à *Guillaume V, duc de Bavière*, m. à Munich le 23 mai 1602.

1. *Schwarz* pinx., J. A. *Zimmermann* sc. In-fol.

2. *Ovale* in-4. D. à g., les titres en latin sur la bordure.

Renée de Lorraine, suite.

3. I. S., ovale in-4. D. à g. B. N. *Uxelles*. T. XIX, p. 87.

4. Crisp. *de Pas*. In-8.

CHARLES III, dit *le Grand*, né le 15 fév. 1543 à Nancy, succède en 1545 à son père François I, meurt à Nancy le 14 mai 1608.

1. J. *Traballesi* del., C. *Faucci* sc. In-fol.

2. Faict à Nancy par Alexandre *Vallée*. In-fol.

3. D. C. (*custodis*). In-4. D. à g.

4. 1596. Ovale in-4. D. à dr., les titres en latin sur la bordure, et au bas du buste : *optanda bonis pax.*

5. Jacq. *Granthôme*, fe. in-8. D. à dr. Au-dessus : *le duc de Lorreine*, au bas 4 vers :

> Grand prince souuerain, enrichy de louenges.

6. Thomas *de Leu*, fe. et excud. In-8, 4 vers :

> Grand duc le prince aisn⁴, des princes de ta race.

7. *Médaille* et revers in-8. D. à g.

8. *Ovale* in-8. D. à dr. Sur la bordure : *Charles duc de Lorraine*. Au bas les vers du n° 6, divisés par 2.

9. *Ovale* avec emblèmes, profil à g. In-8.

10. Contre-épreuve du précédent.

11. Re. *Hogenbergius* fe. In-12.

12. Petit médaillon rond. D. à dr.

13. Dans la chronique d'*Opmeer* sur bois. In-48. D. à g.

14. *Ovale* in-18. D. à dr. Sur l'ovale : *Carolus Dei gratia cal. loth. B. Gel. dux.*

15. P. W. B. (*Woeiriot*). In-18.

16. *En pied* dans une bordure cintrée in-fol. D. à g.

17. P. W. B. (*Woeiriot*). In-18 en pied.

CLAUDE DE FRANCE, sa femme, fille d'*Henri II*, roi de France et de *Catherine de Médicis*, née le 12 nov. 1547, à Fontainebleau, *Seine-et-Marne*, mariée le 5 fév. 1558, m. en 1575.

1. Dessin in-fol. B. N. 1358, p. 62.

2. *Traballesi* del., C. *Fauccj* sc. In-fol.

HENRI, ci-après.

Charles de Lorraine, fils des deux précédents, né à Nancy le 1 juil. 1567, fut chanoine de Trèves, Mayence et Strasbourg, nommé évêque de Metz en 1578 âgé de 11 ans, crée cardinal en 1589, évêque de Strasbourg en 1592, m. en 1607; il fut abbé de St-Victor de Paris, de St-Vincent de Metz, de Gorze, de St-Mihiel, et primat de Nancy.

1. *Médaille* et revers in-18, profil à dr.

2. *Ovale* in-18. D. à dr., les noms sur la bordure B. N. FRANÇOIS *v.* ci-après FRANÇOIS II.

Christine, sœur des précédents, née à Nancy le 6 août 1565, mariée le 3 mai 1569 à *Ferdinand I de Médicis*, grand-duc de Toscane, m. le 19 janv. 1637.

1. Adriano *Haluech* sculp. In-fol.

2. *Tête* D. à g., dans un carré. In-fol.

3. *Tableau* du temps, gal. de Versailles. In-4.

4. Procédé de A. *Collas*, médaille in-8.

5. Crispin. *de Pas* excudit. In-8.

Antoinette, sœur des précédents, née à Gondreville le 23 août 1568, mariée en 1599 à *Jean-Guillaume*, duc de Juliers, Clèves et Berghes.

Crispianus *Passæ*, cœlator ad vivum depinxit Coloniæ 1599, gravure in-8.

Elisabeth, sœur des précédents, née à Nancy le 9 oct. 1574, mariée le 5 fév. 1595 à *Maximilien*, duc, puis électeur de Bavière, m. à Ranghoven le 4 juin 1635.

1. M. *Kager* inventor, dedicat Wolffgangus *Kilian* Augustanus A° 1619. In-fol.

2. Nicolaus *Brucker* pinx, Jos. Ant. *Zimmermann* sc. In-fol.

3. Crispin. Van *de Passe* excudit Coloniæ. In-8.

HENRI dit *le Bon*, duc de Lorraine et de Bar, frère des précédents, porta d'abord le titre de *marquis* de Pont et celui de *duc* de Bar, né à Nancy le 8 nov. 1563, succéda à son père le 14 mai 1608, et m. à Nancy le 31 juil. 1624.

1. J. *Magni* del., C. *Faucci* sc. In-fol.

2. *Ovale* in-fol. D. à dr. Sur la tablette, 5 lig. latines.

Henri dit le Bon, suite.

3. N. *de Clerck* ex. In-4.

4. L. G. (*Gaultier*). In-4.

5. Thomas *de Leu* fe. In-4.

6. *Ovale* dans une bordure gothique in-4. D. à dr., les titres en 4 lig. sur la tablette.

7. *Ovale* in-4. D. à dr., les noms sur l'ovale, au bas 2 vers latins.

8. *Ovale* in-4. D. à dr., les noms sur l'ovale.

9. Ovale in-4. D. à g., les noms sur l'ovale, au bas 2 vers latins.

10 Paul *de La Houe* ex. In-8.

11. Tho. *de Leu* ex. In-8.

13. 1623, à Thoulouse, J. E. *Lasne* fecit et ex. In-fol. à cheval, au bas 4 vers.

Tu vois icy pourtraict le prince de vaillance.

CATHERINE DE BOURBON, sa première femm sœur d'Henri IV, née le 17 fév. 1558, m. à Nancy, le 13 février 1604.

1. *Dessin* aux trois crayons. In-fol. B. N. 1359, p. 74.

2. Joan *Wierx* sculpsit, 1600. In-fol, au bas 4 vers:

Qui void ce beau portrait, cette auguste aparence.

3. Léonardus *Gaultier* fecit. In 4, au bas 4 vers.

Si quelqu'un a désir, voir le geste et l'image.

4. Jean *Le Clerc* ex. In-4. D. à g., au bas 4 vers:

Qui void ce beau portrait, cette auguste apparâce.

5. Thomas *De Leu* fecit In-4. D. à g., au bas 4 vers:

Voicy l'unique sœur.

6. *Darlay* pinxit. Thomas *De Leu* fecit. In-4. D. à dr., les noms sur l'ovale, au bas les vers du n° 2.

7. AF. pinx., F. *Aveline* sculp. In-8.

8. B. F. In-8. D. à g.

9. Jean *Le Clerc* ex. In-8. D. à g.

10. Thomas *De Leu* fe. in-8. D. à g., au bas 4 vers:

D'une Sémyramis le renom ou la gloire.

11. Crispin *de Passe* excudit. In-8. D. à g.

12. Sur bois *ovale* In-8. D. à g., les noms sur l'ovale.

13. L. G. (*Gaultier*) carré In-18. D. à dr., au bas 4 vers.

14. T. D. L. (*Leu*) carré. In-18. D. à dr.

15. Dans *Montfaucon*. In-4, en pied.

MARGUERITE de GONZAGUE sa deuxième femme, fille de Vincent Ier duc de Mantoue et d'Éléonore de Médicis, née en 1590, mariée en 1606, m. le 7 février 1632.

1. J. *Magni* del., C. *Faucci* sc. In-fol.

2. Argentinœ 29 may 1606, J. *ab heyd*. fec. et excud. In-4.

Nicole après *Charles IV*.

Claude après *Nicolas-François*.

BRANCHE ISSUE DES COMTES DE VAUDÉMONT.

FRANÇOIS II comte de Vaudémont, puis duc de Lorraine, fils de Charles III et de Claude de France, né à Nancy le 27 février 1572, occupe le trône en 1624 par la cession de son fils, abdique en 1625, m. en 1632.

1. G. *Traballesi* del., F. *Gregorj* sculp. In-fol.

2. *Galerie* de Versailles, n° 2131. In-8.

3. *Médaillon*, in-18. D. à dr.

4. Joanes *Valdor*, Nancej fecit in-18.

5. Avec *Christine* de Salm, profil à dr., ovale avec emblèmes, les noms en dedans.

CHRISTINE DE SALM, sa femme, fille de *Paul* comte de *Salm* et de *Marguerite le Veneur* comtesse de Tillières et de Carouge, mariée le 12 mars 1597, m. en 1628.

1. G. *Traballesj* del., F. *Grégorj* sculp. In-fol.

2. Le n° 5 de son mari.

CHARLES IV, ci-après.

NICOLAS-FRANÇOIS, après *Anne Elisabeth*.

Henriette V. Lorraine-Phaltzbourg.

Marguerite, fille de François II et de Christine de Salm, mariée le 31 janvier 1632 à *Gaston-Jean-Baptiste*, duc d'Orléans, m. à Paris le 3 avril 1672.

1. Ant. *Van Dyck* pinxit, S. A. *Bolswert* sculp. In-f.

Marguerite, suite.

2. V. *Merlen* f. In-fol., avec le chiffre M. G. dans le haut à g. et la croix de Lorraine à dr. B. M.

3. Ant. *Van Dyck* pinxit. P. *Van Sompel* sculpsit. In-f.

4. Chez *Daret*, 1652. In-4.

5. H. *Garnier* lith. In-4.

6. Cornelius *de Vos* pinxit, Petrus *de Jode* fecit. In-8, ovale seul ou avec coins.

7. *Moncornet* excu. In-8 D à dr.

8. *Moncornet* ex. In-8. D. à g.

9. *Ovale* avec ornements. In-8. D. à dr.

10. Ovale in-8, sur l'ovale : *la princesse Marguerite*, au bas 4 vers :

> Le Ciel logea dans ce beau corps.

CHARLES IV, duc de Lorraine, frère des précédents, succède en 1624 à *Henri*, cède la couronne à son père la même année et la reprend en 1625 à son abdication, il mourut le 18 sept. 1675 au camp d'Alembach.

1. *Carré* in f. D. à g. *Carolus IV dux lotharingiæ*, etc.

2. J. *Magni* del., C. *Faucej* sc. In-fol.

3. J. *Frosne* fecit, octogone in-fol. D. à dr.

4. Philipp. *Kilian* sculp., Francfurt. In-fol.

5. J. V. S. F. In-fol.

6. Chez P. *Bertrand*. In-4.

7. Chez *Daret*, 1652, F. *Jollain*. In-4.

8. *Elogii* di capitani illustri, ovale in-4, D. à g.

9. Petrus *de Jode* sculp. In-4.

10. Volf *Kilian* sculp. In-4.

11. B. *Moncornet* exc., 1663, octogone in-4.

12. Petrus *Aubry* excudit. In-8.

13. Gaspar de *Crayer* pinxit. Petr. *de Jode* excud. In-8.

14. (*M. Lasne*) ovale in-8. D. à dr , au bas 4 vers :

> C'est le puissant Dieu de la guerre.

15. J. de *Leeuw* Schulp. In-8.

16. B. *Moncornet* excu. In-8. D. à dr.

17. *Moncornet* excudit. In-8 D à g.

Charles IV, suite.

18. N. *Van der Horst* inv. W. *Hollar* fecit In-18.

19. N. *Van der Horst* inv. W. *Hollar* fecit. In-18 à genoux.

20. C. *Deruet* fecit. In-fol., oblong, à cheval.

21. B. *Moncornet*. excudit In-4, à cheval.

NICOLE DE LORRAINE, sa 1re femme et sa cousine, fille de *Henri II* et de *Marguerite* de Gonzague, née en 1608, mariée en 1621, m. en 1675.

1. J. *Magni* del., C. *Faucci* sc. In-fol.

2. (*M. Lasne*) In-8. D. à dr., les noms sur l'ovale, au bas 4 vers :

      Minerve a desparti ce qu'elle a de parfait.

3. Par *Moncornet*. In-8.

BÉATRICE-CONSTANCE de Cusance, sa deuxième femme, fille de Cl. Fr. de *Cusance* et d'*Ernestine* de *Withem de Bergues* et veuve d'*Eugène-Léopold d'Oiselet*, prince de Cantecroix, mariée en 1637, m. à Besançon le 5 juin 1663.

1. Antonius *Vandick* pinxit, Petrus *de Jode* sculpsit In-f.

2. Dans un *octogone* avec entourage. In-fol. D. à g.

3. Fred^s *Boutatts*. In-4, ou avec entourage. In-fol.

4. P. *Guidertalen* inven^t, P. *Dannoot* sculp. In-4.

5. Chez *Daret*, 1652. In-4. — *Jollain*.

6. B. *Moncornet* ex. In-4.

7. Coenr. *Waumans* scul. In-4.

8. Antonius *Van Dyck* pinxit, *Moncornet* excudit. In-8.

Charles-Henri de Lorraine, comte de Vaudemont, etc., prince souverain de Commercy, chev. de la Toison d'or, gouverneur des Pays-Bas et du Milanais, fils de *Charles IV* et de la précédente, né le 17 avril 1649, m. à Nancy le 14 janvier 1723.

1. *Du Chastel* pinxit, J. F. *Léonart* sc. In-fol.

2. *Ranc* pinxit, N. *De Larmessin* sculp. In-f. en pied.

3. Chez *Trouvain* In-f. en pied, M. *le prince de Vaudémont*.

Anne-Elisabeth de Lorraine sa femme, fille de *Charles III* de Lorraine duc d'Elbeuf et d'*Anne-Elisabeth*, comtesse de Lannoy, née le 16 août 1649, mariée à Bar-le-Duc le 28 avril 1669, m. d'apoplexie le 25 août 1714.

Chez *Trouvain*. In-fol en pied, *Madame la princesse de Vaudémont.*

NICOLAS-FRANÇOIS, dit le duc *François*, fils de *François II* et de *Christine de Salm*, occupe le trône après son frère, fut évêque de Toul, posséda diverses abbayes, créé cardinal en 1627, quitta ses bénéfices pour se marier, et m. à Nancy le 26 janv. 1670 à 60 ans.

1. Giul. *Traballesi* del., P. A. *Pazzi* sc. In-fol.
2. Chez Louis *Boissevin* ou F. *Jollain*. In 4.

CLAUDE DE LORRAINE, sa femme et sa cousine, fille d'*Henri II* et de *Marguerite* de Gonzague, mariée en 1634, m. à Vienne le 2 août 1648.

1. J. *Traballesi* del., C. *Faucci* sc. In-fol.
2. E. *Wideman* delin. et sculp. Vien. In-4 en pied.

CHARLES V (CHAR.-LÉOPOLD-NIC.-SIXTE), surnommé *le Victorieux*, fils des deux précédents, né à Vienne le 3 avril 1643, proclamé duc en 1670, étant généralissime des armées de l'empereur Léopold, m. à Wels en Autriche, le 18 avril 1690.

1. C. *Herbel* pinx., A. *de Blois* sculp. In-fol.
2. B. A. *delineavit*, A. *Blooteling* fecit. In-fol.
3. Steph. *Gantrel* sculp. In-fol.
4. W. *Wissing* pinx., J. *Gole* f. et ex. In-fol.
5. *Nanteuil* ad vivum faciebat 1660. In-fol.
6. Giuliano *Traballesi* del., P. A. Pazzi sc. In-fol.
7. Joan. Christop. *Sartorius* sculp. A° 1677. In-fol.
8. J. V. S. f. In-fol.
9. C. *Weigel* f. et ex. 1683. In-fol.
10. Jo. *Blondeau* sculp. In-4.
11. *De Larmessin* sculp., 1684. In-4.
12. *De Larmessin* sculpebat, 1686. In-4.
13. J. *Frosne* fecit. In-4.
14. P. *Schenck* fecit et exc. In-4.

Charles V, suite.

15. S. *Thomassin* sculptor regius, 1696. In-4.

16. J. J. *Thourneyser* excudit basileæ. In-4.

17. *Coll^{on}* du ch^{au} d'Eu, gal. de Versailles, 2375. In-8.

18. *Doliuar* del. et f., médaille et revers. In-8.

19. *Doliuar* sculp., médaille et revers. In-8.

20. *Ovale* de feuilles de laurier et de palmes in-8, regarde à g. sur la tablette, 3 lig.

Portraits en pied et à cheval.

21. *Dieu* pinxit, N. *Arnoull* fecit. In-fol.

22. Dans un carré in-f. D. à g., au bas 4 lig., *le prince Charles.*

23. Augspurg zu finden bey Jacob *Koppmayr*. In-fol. à cheval.

24. J. *Peeters* ant. In-4 à cheval.

25. P. *Stephani* fec. In-4.

Portraits avec sa famille.

26. Chez N. *Arnoull*. In-fol., le prince *Léopold, Charles, Joseph*, et la princesse de Lorraine qui tient le médaillon de *Charles V.*

27. R. B. del., chez N. *Bonnart*. In-fol. *Charles V* est en médaillon, *Léopold, Charles* prieur de Castille, *Joseph* st *François* sont debout.

28. H. *Bonnart* excudit, les personnages du nᵒ 27, composition différente.

29. Chez *Deshayes*, 1695. In-fol. *Charles V, Léopold, Charles, Joseph* et *François.*

30. Chez *Deshayes*, 1696. In-fol. C'est le nᵒ 29; à celle-ci le prince *Charles* est en habit ecclésiastique.

31. Chez *Deshayes*. In-fol. *Charles V* et *Éléonore* sont en médaillon; *Léopold I, Mlle de France*, le prince *François, Charles* évêque d'Olmutz, et le prince *Joseph*, sont debout.

Éléonore-Marie-Josèphe d'Autriche, sa femme, veuve de *Michel Koribut Wiecnowiecki* roi de Pologne, fille de l'empereur *Ferdinand III* et d'*Éléonore de Mantoue*, née le le 21 mai 1653, mariée en premières noces le 27 mai 1670, veuve en 1673, épouse *Charles V* en 1678, m. le 7 déc. 1697.

1. *De Larmessin* sculpebat. In 4, *femme* de Michel.

2. *Ovale* in-4. D. à dr., au bas 3 lig. lat. *Reine*.

3. J. *Traballesi* del., C. *Faucej* sc. In-fol

4. *De Larmessin* sculp., 1684. In-4.

5. *De Larmessin* sculpebat, 1686. In-4.

6. Louis *Gomier* sculp. In-4.

Portraits en pied ou assise.

7. *Dieu* pinxit, N. *Arnoult* fecit. In fol.

8. N. *Arnoult* fecit. In-fol., assise tenant sur ses genoux le portrait de *Charles V*.

9. *Jollain* excudit. In-fol.

10. Ger. *Scotin* del. et sculp. In-fol., appuyée sur le portrait de *Charles V*.

11. Chez A. *Trouvain*. In-fol., veuve de *Charles V*.

LÉOPOLD, ci-après.

Charles - Jos. - Ign. - Ant. - Jean - Félicité, dit le prince *Charles*, grand-prieur de Castille, archevêque-électeur de Trèves, fils des deux précédents, né à Vienne le 24 nov. 1680; nommé évêque d'Olmutz en 1695, d'Osnabruck en 1698, archevêque de Trèves en 1711, m. à Vienne le 4 déc. 1715.

Pet. *Schenck* fec. In-fol.

Ferdinand-Antoine, frère du précédent, né le 9 août 1683, m. jeune.

Chez J. *Mariette*. In-fol. en pied.

Joseph-Inn.-Emm.-Félicien-Constant, frère des précédents, né à Inspruck le 20 oct. 1685, blessé au combat de Cassano le 16 août 1705, m. le 25 de ses blessures.

1. N. *Arnoult* fecit. In-fol. *en pied*.

2. H. *Bonnart* ex. In-fol. en pied.

3. G. *Scotin* del. et sculp. In-fol. en pied.

François - Ant. - Jos. - Ambroise, frère des précédents, prince-abbé de Stavelo et de Malmédi, chanoine de Cologne et de Liége, né le 8 déc. 1689 à Inspruck, m. le 27 juil. 1715.

1. N. *Arnoult* fecit. In-fol. en pied.

2. Chez J. *Mariette*. In-fol. en pied.

3. G. *Scotin* del. et sculp. In-fol. en pied.

4. Chez *Trouvain*. In-fol. en pied.

LÉOPOLD I (LÉOPOLD-JOS.-DOM.), dit *le Grand*, duc de Lorraine et de Bar, roi de Jérusalem, etc., frère des précédents, né le 11 sept. 1679 à Inspruck, succède à son père en 1690, meurt à Lunéville le 27 mars 1729.

1. *Depierre* fils à Nancy, lith. de *Langlumé*. In-fol.

2. Nic. *Dupuy* pinx, Pier. *Drevel* sculp. In-fol. major.

3. J. *Traballesi* del., C. *Faucci* sc. In-fol.

4. S *Urbin* invenit, S. *Thomassin* sculptor regius. In-4.

5. Dans un carré in-8, au bas 3 lig. allemandes.

6. Gravé par E. *Desrochers*. In-8.

7. Dessiné par *Guémied*, gravé par Mⁱⁱᵉ Flahaut. In-8.

8. *Médaille* et revers, profil à dr. In-8.

Portraits en pied et à cheval.

9. N. *Arnoult* fecit. In-fol.

10. Chez *Berey*. In-fol.

11. H. *Bonnart*. In-fol.

12. R. B. del., chez N. *Bonnart*. In-fol.

13. Chez J. *Mariette*. In-fol.

14. Ger. *Scotin* del. et sculp. In-fol.

15. Chez A. *Trouvain*. In-fol.

16. Chez *Deshayes*. In-fol. à cheval.

17. *Statue équestre* entourée des médaillons de ses ancêtres. In-fol.

ÉLISABETH-CHARLOTTE d'Orléans, *demoiselle* de Chartres, sa femme, fille de *Philippe I* d'Orléans et d'*Élisabeth-Charlotte* de Bavière, née à St-Cloud le 13 sept. 1676, mariée le 13 oct. 1698, m. à Commercy le 23 déc. 1744. *Portraits* avec nom de *Mademoiselle*, bustes.

1. *De Larmessin* sculp. In-4, dⁱˡᵉ de Chartres.

2. Chez *Hérissant*. In-8.

Élisabeth-Charlotte d'Orléans, suite.

Portraits en pied. In-fol , *Mademoiselle*.

3. N. *Arnoult* fec.

4. Chez *Berey*, 1697. D. à dr.

5. Chez *Berey*, un chien sous le bras.

6. H. *Bonnart*, une fleur dans la main g.

7. R. *Bon* del., H. *Bonnart*, le bras droit passé dans un manchon, une fleur dans la main dr.

8. Chez *Deshayes*, avec un chien sur un tabouret.

9. Chez *Deshayes*, elle tient un éventail fermé, au bas *Mademoiselle* de France.

10. Chez *Deshayes*, elle tient un éventail ouvert.

11. Chez *Deshayes*, devant une table où l'on voit une couronne, derrière elle un page.

12. Au bas *Madamoiselle* et 4 vers :

Elle est du sang des roys cette illustre personne
Tous ces rares vertus font sa félicité
Sy elle doit par son rang mériter la couronne
Son mérite surpasse encore sa qualité.

Portraits en pied. In-fol., *Mademoiselle* de Chartres.

13. R. B. del., N. *Bonnart*.

14. Chez J. *Mariette*, elle tient un éventail fermé.

15. Chez *Trouvain*, elle tient un éventail ouvert.

16. Chez A. *Trouvain*, tient un éventail fermé.

17. Chez N. *Bonnart*. In-8.

18. R. B. del., N. *Bonnart*. In-fol. à cheval.

Portraits duchesse de Lorraine, bustes.

19. J. *Traballesi* del., C. *Faucci* sc. In-fol.

20. (*Girardet*) Profil à g., ovale avec emblèmes. In-4.

21. Chez *Crépy*. In-8, Mme *la duchesse* de Lorraine.

22. Gravé par E. *Desrochers*. In 8.

23. *Galerie* de Versailles, n° 2444. In-8.

24. *Pitau* profil à dr. In-8 oblong.

Portraits en pied, duchesse de Lorraine.

25. H. *Bonnart*. In-fol., devant un portrait, au bas Mme *la duchesse de Lorraine*.

26. R. B. del., chez N. *Bonnart*. In-fol.

27. Chez *Deshayes*. In-fol., un éventail dans la main dr.

28. Chez J. *Mariette*. In-fol., tient un éventail fermé.

29. Chez A. *Trouvain*. In-fol., avec un éventail ouvert.

N. *duc de Bar*, fils des deux précédents, né à Bar-le-Duc le 26 août 1699, m. à Nancy le 4 avril 1700.

1. Chez H. *Bonnart*. In fol., dans son berceau, sa nourrice assise à côté.

2. Chez N. *Bonnart*. In-fol., Mme *la nourrice* de M. le prince de Lorraine; elle est assise, tient le prince sur ses genoux.

Louis de Lorraine, frère du précédent, né à Lunéville le 24 janv. 1704, m. à Lunéville le 10 mai 1711.

Gravé par Noble *Houat*. In-8 oblong.

FRANÇOIS ÉTIENNE, ci-après.

Charles-Alexandre, dit le duc *Charles*, feld-maréchal, gouverneur des Pays-Bas, grand-maître de l'O. Teutonique, fils des deux précédents, né le 12 déc. 1712 à Lunéville, *Meurthe*, m. en 1780.

1. Peint à Vienne par Martin *de Meytens*, gravé par J. *Daullé*. In-fol.

2. Peint par L. *Legendre*, gravé par A. *du Boulois*. In-f.

3. En manière noire. In-fol. D. à d., avec manteau à fourrures sous lequel on voit sa cuirasse, au bas : *Charles.*

4. Fait par *François*, profil à g. In-f., ou chez *Petit*, 1753.

5. M. *Sewin Vanlerius* sur bois. In-4, *le duc Charles de Lorraine*.

6. Dans un *carré*. In-8, regarde à g. sur la tablette, 4 lig.

7. C. *Monnet* in. del., *St. Fessard* sculptor regius ex bibliothequa, profil à g. In-8 oblong avec emblêmes.

8. *François Lotha* fecit, 1755, médaillon avec emblêmes. In-8.

9. Peint par J. M. *Nattier*, gal. de Versailles. In-8.

Charles-Alexandre, suite.

10. Peint à Vienne par *M. de Meytens, Petit*. In 8.

11. *Pinsio* sculp. In-8, dans *Odieuvre*.

12. Invenit et sculp. P. *Verchasselt*, gravé par *Sintze-nich* à Manheim. In-fol. *Statue*.

13. A. *Cardon* sculp. In-4. *Statue*.

14. *De la Rue* sc. In-8, Statue avec ou sans fond.

Anne-Marie-Éléonore-Willemine-Josèphe, sa femme, fille de l'empereur *Charles IV* et de *Marie-Thérèse*, née le 14 sept. 1718, mariée le 7 janv. 1744, m. le 16 déc. 1744.

1. P. B. *Boutlats* sculp. Anver., 1731. In-fol.

2. J. M. *Nattier*, gal. de Versailles. In-8.

5. *Petit, Desrochers* gravure. In-8.

Anne-Charlotte, sœur de *Charles-Alexandre*, née le 17 mai 1714 à Lunéville, nommée abbesse de Remiremont en 1738, m. en 1773.

1. Peint à Nancy par *Girardet* 1745, suite de *Desrochers*, chez *Petit*. In 8.

2. *Sysang* sc. In-8.

FRANÇOIS-ÉTIENNE, duc de Lorraine et de Bar, et depuis empereur d'Autriche, frère des précédents, né à Lunéville le 8 déc. 1708, succède à son père en 1729, cède la Lorraine à Stanislas en 1737, m. à Inspruck le 18 août 1765.

1. J. *Richardson* pinx', A 1731, J. *Faber* fecit 1745. In-fol.

2. J. *Traballesi* del., C. *Faucc* sc. In-fol.

3. J. J. *Haid* sculp. In-fol.

4. Peint par *Moller* à Vienne 1741, désigné et gravé par *Krafft* 1742. In fol.

5. Peint par J. E. *Liotard*, gravé par J. C. *Reinsperger*. In-fol.

6. Mart. *de Meytens* pinx., P. *Tanjé* sculps. 1752. In-fol.

7. *Mansfeld* sc. In-4.

8. *Bu.* pinx., *Gaillard* scul. In-8.

9. Martinus *de Meytens* pinx., C. *Halbaur* sculps. In-8.

10. Chez *Petit*. In-8.

Marie-Thérèse, impératrice, reine de Hongrie et de Bohême, sa femme, fille de l'empereur *Charles VI*, née le 13 mai 1717, mariée en 1736, m. en 1780.

1. J. *Traballesi* del., C. *Faucej* sc. In-fol.
2. Gravé et offert par E. *Desrochers*. In-4.
3. J. M. *B*. (*Benigeroth*) sc. In-8.

LORRAINE-MERCŒUR.

LORRAINE (NICOLAS DE), duc de Mercœur, comte de Vaudémont et de Chaligny, marquis de Nomény, pair de France, second fils d'*Antoine*, duc de Lorraine, et de *Rénée* de Bourbon-Montpensier, né le 17 oct. 1524, m. le 24 jan. 1577, fut évêque de Metz en 1543, de Verdun en 1544, quitta ses bénéfices pour se marier.

1. *Dessin* aux 3 crayons. In-fol. B. N. 1358, p. 20.
2. P. W. B. (*Woeiriot*). In-18 en pied.

Marguerite d'Egmont, sa première femme.

Louise de Lorraine, fille des deux précédents, née le 30 av. 1554 à Noméni, mariée à Reims, le 15 fév. 1575, à *Henri III*, roi de France, m. à Moulins le 29 janv. 1601.

1. *Dessin* aux 3 crayons in-fol. B. N. 1359, p. 7.
2. *Dessin* in-fol. B. S. G., portefeuille, p. 45.
3. Dans *Mezeray*. In-fol.
4. Lith. de *Delpech*. In-8.
5. *Desrochers* ex. In-8.
6. L. G. (*Gaultier*) fecit. In-8. D. à g., au-dessus M* la *princesse de Lorraine*, au bas 6 vers :
> Si ce n'est un printemps de sa beauté première.

7. L. G. (*Gaultier*) fecit 1588. In-8, au bas 4 vers :
> Trois dieux furent parrins du troisiesme Henry.

8. *Harrewyn* fecit. In-8.
9. Thomas *de Leu* fe. In-8, au bas 4 vers :
> Trois dieux furent parrains du troisième Henry.

10. *Ovale* avec ornement et cartouche. In-8. D. à dr.
11. *Médaille* in-18, profil à g. *Lodoica*, etc.
12. *Rabel* fe. et excudebat. In-18.
13. *Rabel* excudit. In-18.

Louise de Lorraine, suite.

14. Sur bois, en petit, dans le promptuaire des médailles de Guil. *Rouillé*.

Portraits debout ou à genoux.

15. *Dessin* en couleur in-f. B. N. Gaignières, t. IX, p. 51.

16. *Dessin* en couleur in-f. B. N. Gaignières, t. IX, p. 52.

17. A genoux, dessin in-f. B. N. Gaignières, t. IX, p. 52 *bis*.

18. *Lanté* del., *Gatine* sculp. In-fol.

19. H. L. (*Lecomte*) lith. In-4.

20. Dans *Montfaucon*. In-4.

Jeanne de Savoye, fille de *Philippe* de Savoye, duc de Nemours et de *Charlotte* d'Orléans-Longueville, deuxième femme de *Nicolas*, née en 1532 à ▉▉▉▉éex, mariée à Fontainebleau le 24 fév. 1555, m. le 4 juil. 1568.

Dessin au cabinet *Fontette* (*Lelong*).

PHILIPPE-EMMANUEL, ci-après.

Charles de Lorraine, cardinal de Vaudémont, fils de *Nicolas* de Lorraine et de *Jeanne* de Savoye, né le 2 av. 1559 à Nomény, m. à Toul le 31 oct. 1587, fut évêque de Toul, puis de Verdun, créé cardinal en 1578, commandenr de l'O. du S-Esprit en 1583.

Daus un carré in-fol., assis d. à g., tenant de la main dr. sa croix pastorale, ses armes au-dessus du fauteuil où il est assis.

Marguerite de Lorraine, sœur du précédent, née le 24 mai 1564, mariée, 1° le 25 sept. 1581 à *Anne*, duc de Joyeuse, pair et amiral de France; 2° le 31 mars 1599 à *François* de Luxembourg, duc de Piney, morte à Paris le 30 sept. 1625.

1. Th. *de Leu*. In-8. D. à g.

2. Thom. *de Leu* f. et ex. In-8. D. à dr., au bas 4 vers :
Fleuron austrazien généreuse princesse.

3. En pied, dessin in-f. B. N. *Gaignières*, t. IX, p. 62.

4. *Lanté* del., *Gatine* sculp. In-fol. en pied.

Marguerite de Lorraine, suite.

5. H. L. (*Lecomte*) lith. In-4 en pied.

6. Dans *Montfaucon*, copie in-8 du n° 3.

Claude de Lorraine, troisième femme de *Nicolas*.

LORRAINE, Henri, *V.* LORRAINE-CHALIGNY.

Louise de Lorraine, fille de *Nicolas* et de la précédente, née le 27 mars 1575, m. sans avoir été mariée.

F. *Quesnel*, Tho. *de Leu* f. In-8, au bas 4 vers :

> Ceste belle princesse en ce monde fut faitte.

LORRAINE (PHILIPPE-EM. DE), duc de Mercœur et de Penthièvre, marquis de Nomény, pair de France, prince du S.-Empire, chev. des O. du roi, gouverneur de Bretagne, fils de *Nicolas* de Lorraine et de *Jeanne* de Savoie, né le 9 sept. 1558 à Nomény, *Meurthe*, m. à Nuremberg le 19 fév. 1602.

1. *Dessin* aux 3 crayons, B. N. 7032, p. 41.

2. Hieronimus D. sculp. In-fol.

3. H. *Jacopsen* exc. In-4.

4. *Ovale* in-4. D. à dr. les titres sur la bordure, au bas 2 vers latins.

5. *Ovale* sans fonds. In-4. D. à g. les noms sur la bordure.

6. *Buys* ovale avec emblèmes. In-8. D. à g.

7. *Copie* in-8 en tête de sa vie, Cologne 1689.

8. L. G. (*Gaultier*). In-8, au bas 4 vers :

> Ce duc, que la valeur eu tous lieux acompagne.

9. Tho. *de Leu* s. In-8. D. à g., au bas 4 vers :

> Tu voiz depeinct Philippes de Loraine.

10. Tho. *de Leu* fe. In-8. D. à dr., au bas 4 vers :

> Tu voit dépeint Philippes de Loraine.

11. Thomas *de Leu* fe. et excud. In-8. D. à dr., 4 vers.

> Gentil duc de Mercur, le gentil dieu Mercure.

12. *Moncornet* ex. In-8.

13. *Ovale* in-8. D. à g. les noms sur la bordure.

14. F. P. pinx., A. T. sculpsit. In-8, *Odieuvre*.

15. Abraham *Grimmer* excud. In-18.

16. Anton. *Wierx* fecit et excudit. In-18.

Lorraine (Philippe-Em. de), suite.

17. *Ovale* sans fond in-32, les noms en dedans. D. à dr.

18. *Dessin* en couleur in-fol. B. N. Gaignières, t. IX, p. 26 D. à genoux.

19. Phls. *Thomassinus* fecit 1595. In-fol. à cheval.

Marie de Luxembourg, sa femme.

Françoise de Lorraine, fille des deux précédents, née en 1593 au château de Nantes, mariée à Fontainebleau au mois de juil. 1609 à *César de Bourbon*, duc de Vendôme, fils naturel d'*Henri IV* et de *Gabrièle* d'Estrées, veuve en 1665, m. à Paris le 8 sept. 1669.

1. *Dessin* aux 3 crayons in-fol. B. N. 7032, p. 44.

2. Chez L. *Boissevin*. In-4. *Jollain*.

LORRAINE marquis de MOUY comtes de CHALIGNY.

LORRAINE (HENRI I DE), marquis de Mouy, seigneur de Biernes-en-Réthélois, fils de *Nicolas de Lorraine*, duc de Mercœur et de *Claude de Lorraine*, sa troisième femme, né le 31 janv. 1570, m. à Vienne en 1601.

1. *Dessin* aux 3 crayons in-f. B. N. 1359, p. 28.

2. Thomas *de Leu* sculpsit œt. 20, 1589, *comte* de Chaligny, au bas 4 vers.

3. *Osman W*. f. et, In-8, au bas 4 vers.

Claude de Mouy, sa femme, veuve de *Georges de Joyeuse*, etc., fille de *Charles*, marquis de *Mouy*, et de *Catherine-Susanne*, comtesse de Cerny ; elle fut mariée le 17 sept. 1585 ; devenue veuve, elle fonda le monastère du S.-Sépulcre à Charleville, y fit profession le 26 mars 1626, et y mourut le 3 nov. 1627, âgée de 55 ans.

1. M. Van *Lochom* excu. Octogone in-8.

2. Ancien tableau, *gal.* de Versailles. In-8.

LORRAINE (CHARLES DE), comte de Chaligny, fils des deux précédents, né à Keures-en-Barrois le 18 juil. 1592, fait évêque de Verdun en 1610, entra chez les Jésuites en 1622, m. à Toulouse le 28 av. 1631, ayant été évêque 12 ans et Jésuite 9.

Lorraine (Charles de) suite.

1. *Dessin* à la pierre noire in-4. B. N. Jésuites.

2. *Verdeloche* f. In-8.

LORRAINE (Henri II de), marquis de Mouy, comte de Chaligny, seigneur de Tugny-en-Réthelois, frère du précédent, né en 1596, m. le 10 juin 1672.

1. R. *Nantueil* sculpebat et excudebat. In-fol.

2. N. *Pitau* scul. In-fol.

3. P. D. *Jode* sculp. 1655. In-4, avec prénom de *François*, au bas 4 lig. finissant par *Transfuga perfidus*.

4. *Nanteuil* delin., Moncornet ex. In-4. *François*.

LORRAINE (François de), frère des précédents, évêque et comte de Verdun par la démission de son frère Charles, fut abbé de S.-Maurice-de-Beaulieu, de Moreaux, Cheminon, Coetmalon, S.-Hidulphe, moyen moustier, grand-prévôt et chanoine de Cologne et de Strasbourg, prince du S.-Empire, né le 13 janv. 1599 à Fougères, *Ille-et-Vilaine*, m. à Dièvre le 12 août 1651.

Chez *Daret* 1654. In-4.

<h3 style="text-align:center">LORRAINE-GUISE.</h3>

LORRAINE (Claude de), premier duc de Guise, comte d'Aumale, marquis de Mayenne et d'Elbeuf, baron de Joinville, pair et grand-veneur de France, chev. des O. du roi, gouverneur de Champagne, de Brie et de Bourgogne, cinquième fils de *Réné II*, duc de Lorraine, et de *Philippe* de Gueldres, sa deuxième femme, né le 20 oct. 1496 à Condé-en-Barrois, *Meuse*, m. à Joinville le 12 av. 1550.

1. *Dessin* aux 3 crayons in-fol. B. N. *Lorraine*.

2. *Dessin* aux 3 crayons in-fol. B. N. 1358, p. 19.

3. *Dessin* in-fol. B. N. *Gaignières*, t. VIII, p. 403.

4. De la coll⁰ⁿ du chᵉ d'Eu, nᵒ 1589. In-8.

5. Gravé par *Massard* père, Versailles, 1930. In-8.

6. Dans *Montfaucon*. In-8, copie du nᵒ 3.

7. Ovale in-18. D. à dr. *Claude duke of Guise*.

8. Dessiné par F. *Clouet*, gravé par Ambroise *Tardieu*. In-8.

Lorraine (Claude de), suite.

9. En pied, *dessin* in-f. B. N. *Gaignières*, t. VIII, p. 102.

10. H. L. (*Lecomte*) lith. In-4 en pied.

11. Dans *Montfaucon*. In-8, copie du n° 9.

Antoinette de Bourbon, sa femme, fille de *François*, comte de Vendôme, et de *Marie* de Luxembourg, née le 25 déc. 1494 à Ham, *Somme*, mariée à Paris le 18 av. 1513, m. au château de Joinville le 28 janv. 1583, enterrée dans l'église du château, près de son mari.

1. *Dessin* in-fol. B. N. Gaignières, t. VIII, p. 104.

2. Coll⁰ⁿ du chᵃᵘ d'Eu, n° 1854. In-4.

3. Dans *Montfaucon*. In-8, copie du n° 1.

4. L. M. (*Massard*). In-8 en pied, costume 145.

LORRAINE (Fʀᴀɴçᴏɪs), duc de Guise, ci-après.

LORRAINE (Cʜᴀʀ., cardinal de Guise, puis de), duc de Chevreuse, archevêque-duc de Reims, pair de France, fils de Claude de Lorraine et d'Antoinette de Bourbon, né le 17 fév. 1524 à Joinville, *Haute-Marne*, m. à Avignon le 26 déc. 1574, âgé de 49 ans, 10 mois (la gravure n° 15, qui paraît du temps, fait croire qu'il vivait encore en 1575) ; il fut nommé archevêque de Reims en 1538, évêque de Metz en 1550, posséda les abbayes de Moustier-la-Celle, Moustier-Neuf, de Cluny, de Fécamp, de Marmoutier, de Cormery, de S.-Remy de Reims, de S.-Martin de Laon, de S.-Denis en France, de Monstier-en-Der et de S.-Urbain.

1. *Dessin* aux 3 crayons in-fol. B. N. 1358, p. 68.

2. Dans *Thevet*. In-4.

3. Dans la chronique de Champagne. Copie in-4.

4. Dans un carré in-4. D. à dr. Copie du n° 2.

5. Ja. *Grant* f. In-4. D. à dr., au bas 4 vers.

6. Dans les cardinaux de l'abbé Alby. In-8. D. à g.

7. C. *David* f. In-8.

8. *Desrochers* ex. In-8.

9. *Harrewgn* fecit. In-8.

10. Dans *Thevet* In-8.

11. *Gal.* de Versailles, n° 1951. In-8.

Lorraine (Charles de), suite.

12. C. del., Landon direx. In-18-8.

13. Dans la chronique d'*Opmeer*, sur bois. In-18.

14. Ovale in-18. D. à dr. *Charles de Lorraine | cardinal*.

15. En petit dans la chronologie collée, n° 49.

16. En petit, copie du n° 15 en sens opposé.

Portraits en pied.

17. Dans la *galerie* du Palais Cardinal. In-fol.

18. Dans un carré in-4, *assis* d. à g., au bas *Carolus cardinalis a lotharingia*, et dans l'estampe : AN° Dni 1575 | ætat. 50.

19. Copie in-8 du n° 17.

20. Copie in-8 du 17, les lettres plus grosses.

LORRAINE *(Marie de)*, sœur du précédent, née le 22 nov. 1515, mariée à Paris le 4 août 1534 : 1° à *Louis II* d'Orléans-Longueville ; 2° le 9 mai 1538 à *Jacques* Stuart V, roi d'Écosse, dont elle eut *Marie* Stuart ; elle mourut à Paris le 10 juin 1560.

1. Adr. *Van der Werf* pinx., p. A. *Gunst* sc. In-fol.

2. Lith. par A. *Prieur*. In-fol.

3. *Jameson* pinx., E. *Harding* sc. In-4.

4. *Harding* del., published 1791 by J. *Herbert*. In-4.

5. Dans un ovale sans fond. In-8. D. à g., au bas *Mary IIª queen to James the V*.

LORRAINE (Louis de), cardinal de Guise, frère des précédents, né le 21 oct. 1527, nommé évêque de Troyes en 1545, d'Alby en 1550, archevêque de Sens en 1561, évêque de Metz en 1568 ; il fut abbé de S.-Victor de Paris, de Moissac, de Bourgueil et de S.-Germain-d'Auxerre, créé cardinal en 1553, sacra Henri III en 1575, et mourut à Paris le 29 mars 1578, enterré dans l'église S.-Victor.

1. *Dessin* aux 3 crayons in-fol. B. N. 1358, p. 69.

2. *Dessin* in-fol. B. N. *Gaignières*, t. VIII, p. 105.

3. Dans *Montfaucon*. In-4, t. V, p. 31.

4. Dans l'abbé *Alby*, profil à dr. In-8, au bas 2 lig.

5. Ovale in-8. D. à g., les titres sur l'ovale, au bas 4 vers.

Lorraine (Louis de), suite.

Veux tu voir vn prélat de la romoine églize.

6. J. lith. de F. *Delpech*. In-4 en pied.

Lorraine (Claude de), *V*. LORRAINE-AUMALE.

Lorraine (René de), *V*. Lorraine-Elbeuf.

LORRAINE (FRANÇ. DE), duc de Guise, prince de Joinville, marquis de Mayenne, chev. de l'O. du roi, pair, grand-maître, grand-chambellan et grand-veneur de France, lieut.-géné. de l'État, gouverneur de Champagne et de Brie, frère des précédents, né le 17 fév. 1519 au château de Bar, *Meuse*, gouverneur du Dauphiné en 1547, blessé par *Poltrot* devant Orléans, le 18 fév. 1563, m. le 24.

1. *Dessin* aux 3 crayons in-fol. B. N. 1358, p. 67.

2. *Ovale* de feuilles de laurier entouré de diverses actions de sa vie. In-fol. D. à dr.

3. G. *Tubino* dis., lith. *Ballagny*. In-4.

4. *Carré* in-4, profil à dr. *Franciscus dux a Guisia*.

5. *Carré* in-4, profil à g., au bas 2 lig.

6. *Chrétien* del., lith. in-4. D. à g.

7. D'après *Janet* et *Porbus*, *Chrétien* del. lith. In-4.

8. *Sergent* del. 1792, M^de *Decernel* sculp. In-4.

9. Ovale in-4. D. à g., *le duc de Guise*.

10. *Desrochers* ex. In-8.

11. L. G. (*Gaultier*) fecit. In-8, au bas 4 vers :

L'Espaigne et le tombeau de l'antique Sereyne.

12. *Gal.* de Versailles, n° 1930. In-8.

13. *Médaille* et revers, 1563. In-8

14. *Ovale* in-8. D. à dr. *François duc | de Guise*.

15. *Ovale* in-8. D. à dr., les noms en latin sur l'ovale.

16. Précédé de A. *Collas*, n° 110. In-18.

17. W. J. J. *Deshauvents*. In-18, avec entourage. In-8.

18. *C.* del., Landon direx. in-18-8.

19. Profil à g , *ovale* in-18, au bas 2 lig.

20. Sur bois in-18, dans la chronique d'*Opmeer*.

21. En petit dans la *chronologie* collée, n° 25.

22. En petit, *copie* du n° 25 en sens opposé.

Lorraine (Franç. de), suite.

23. En petit sur bois, dans Guil. *Rouillé*.

Portraits en pied.

24. *Dessin* en couleur. In-f. B. N. *Gaignières*, t. X, p. 24.

25. *Dessin* en couleur. In-f. B. N. *Gaignières*, t. X, p. 25.

26. *Dessin* en couleur. In-f. B.'N. *Gaignières*, t. X, p. 26.

27. Dans la *galerie* du Palais Cardinal. In-fol.

28. Dans *Montfaucon*. In-fol.

29. Dessiné par *Triqueti*, gravé par *Allais*. In-4, sous le nom d'*Henri*.

30. Peint par *Gigoux*, galerie de Versailles. In-4.

31. *Fritz Miller* del., *Leclerc* sc. In-4.

32. *Copie* in-8 du n° 27.

33. *Copie* différente in-8 du n° 27.

34. *Vernier* del., *Lemaître* direx. In-8.

35. Peint par F. *Clouet* (*Janet*), dessiné et gravé par Ambroise *Tardieu*. In-8.

Anne d'Est, comtesse de Gisors, dame de Montargis, sa femme, fille d'*Hercule II* d'Est, duc de Ferrare, et de *Rénée* de France, mariée le 4 déc. 1549, et 2° en 1566 à *Jacques* de Savoye, duc de Nemours ; elle m. à Paris le 17 mai 1607 à 76 ans. Elle fut fameuse au temps de la Ligue.

1. L. G. (*Gaultier*), P. *Gourdelle* ex. In-8, au bas 4 vers, alors duchesse de Nemours :

    Celte plante voiant une grande tempeste.

2. Tableau du temps, gal. de Versailles, 1954. In-8.

3. En petit sur bois, dans Guil. *Rouillé*.

LORRAINE (Henri de), ci-après.

Lorraine (Charles), *V.* LORRAINE-MAYENNE.

Lorraine (Louis de), deuxième du nom, cardinal de Guise, archevêque-duc de Reims, pair de France, com. de l'O. du S.-Esprit, fils de *François* de Lorraine et d'*Anne* d'Est, né le 6 juil. 1555 à Dampierre, tué à Blois le 27 déc. 1588. Succéda à son oncle aux abbayes de Fécamp et de Monstier-en-Der.

1. Dans *Montfaucon*. In-fol., t. V, pl. 43.

Lorraine (Louis de), suite.

2. *Desrochers* ex. In-8.

3. *Æ*. pinxit, *Gaillard* sculp. In 8.

4. Tableau du temps, *gal*. de Versailles. In-8.

5. *Harrewyn* f. aqua forti et sculp. In-8.

6. Thomas *de Leu* fe. excu. In 8, 4 vers :

> Si vous avez encore aux prunelles des larmes.

7. C'est le n° 6, le nom du graveur a été supprimé, au bas 4 vers signés P. A. différents.

> Dedans le circuit d'vne ovale petite.

8. H. *P*. sur bois. In-8.

9. A. *Vallée* fe. In-8.

10. A genoux, dessin en couleur in-fol. B. N. *Gaignières*, t. IX, p. 26 A.

Lorraine (Louis de), baron d'Ancerville, prince de Phaltz-bourg et de Lixheim, fils du précédent et d'*Aimérie* de Los-cheraine, dame de Grimancourt, m. à Munich le 4 déc. 1631.

1. Jaspar *Isac* fecit. In-8.

2. (*Callot*) A cheval in-fol., au bas 8 vers ;

> Prince foudre de Mars et sejour des Carites.

3. Contre-épreuve à la B. N.

Henriette de Lorraine, sa femme, fille de *François* de Lorraine, comte de Vaudémont, et sœur du duc *Charles III*, née le 5 avril 1605, mariée le 22 mai 1621, 2° en 1643 au marquis de Sollerio, 3° à Christophe de Moura, 4° à Jérôme de Grimaldi; elle m. à Neufchâteau le 16 nov. 1660.

1. Antonius *Van Dyck* pinxit, Cornelius *Galle* junior sculpsit. In-fol.

2. *Moncornet* excudit 1656. In-8.

3. *Voisard* sculp. In-8 en pied.

LORRAINE (HENRI I DE), dit *le Balafré*, duc de Guise, prince de Joinville, pair et grand-maître de France, chev. des O. du roi, général de ses armées, gouverneur de Champagne et de Brie, fils de *François*, duc de Guise, et d'*Anne* d'Est, né le 31 déc. 1550 à Joinville (*Haute-Marne*), tué à Blois le 23 déc. 1588.

Portraits in-fol.

1. Dans un carré D. à dr. *Heinrich Hertzog von Guise*.

2. Par *Leblond*, buste 1/2 nature avec 4 vers :
   Voicy l'amovr dv pevple et l'apvy de l'eglize.

3. *Mauzaisse* lith.

4. *Porbus* pinxit, *R.* lith.

Portraits in-4.

5. G. *Tubino* dis., lit. *Ballagny*.

6. Dans *Montfaucon*.

7. *Ovale*. D. à dr., le nom sur la bordure, au bas 2 vers latins.

8. *Ovale*. D. à dr., les noms sur la bordure, au bas 4 vers.

Portraits in-8.

9. Dans un carré. D. à dr., au bas 4 vers :
   C'est ainsy que les dieux m'envoyent à la guerre.

10. Dans un *carré* avec un bouclier où l'on voit une bataille. D. à dr., au bas 4 vers :
    La vertu, la grandeur et la sagesse conquise.

11. Composition du n° 10. D. à g., au bas 4 vers :
    Engeance de l'herébe et des horreurs nuitables.

12. Dans un *carré* sans fond. In-8. D. à dr. (Pelée).

13. Tiré de la coll.^on du ch.^er d'Eu, n° 1594.

14. *Vernier* del., *Collier* s.

15. Chez *Desrochers, Daumont*.

16. *Dumoutier* del., C. *Dupuis* sculp.

17. *Marckl* del., *Goutière* sc.

18. *Harrewyn* f. aqua forti et sculpsit.

19. Thomas *de Leu* fe. et excu.

20. *De Lue* (*Leu*) fecit, *Rabel* excu.

21. *Ovale*. D. à dr., au bas 4 vers signés P. A. :
    D'un prince valeureus tu uois ici l'image.

22. *Ovale*. D. à dr., au bas les mêmes vers.

23. *Ovale*. D. à dr., au bas 4 vers :
    La terre se sentoyt infinimant heureuse.

Lorraine (Henri I de), suite. In-8.

24. *Pisan* sur bois.

25. Dessin de *Robert*, sourd-muet, lith.

Portraits in-12, in-18 et en petit.

26. Dans la *chronologie* collée, n° 40.

27. *Copie* du n° 26 en sens opposé.

28. Re. *Hogenbergius* fe.

29. E. del., *Landon* direx. In-18-8.

30. Vu de 3/4, médaille et revers.

31. *Ovale*. D. à dr., sur la tablette, 3 lig.

32. Au trait dans un *ovale* sans fond. D. à g.

33. Sur bois à claire-voie. D. à g.

Portraits debout ou à genoux.

34. *Dessin* in-f. B. N. *Gaignières*, t. IV, p. 26 B., profil.

35. *Dessin* in-f. B. N. *Gaignières*, t. V, p. 26 C., 3/4.

36. Dans *Schrenkius*. In-fol. D. à dr.

37. A. *Devéria*, L. *Chaillot*. In-4.

58. Hte L. (*Lecomte*) lith. In-4.

Portraits sur une feuille avec sa femme.

39. *Gal.* de Versailles, sur une feuille in-fol.

40. *Audibran* sc., sur une feuille in-4.

41. Copie au trait sur une feuille in-8.

Assassinat du duc de Guise.

42. *Gravure* sur cuivre. In-fol. oblong.

43. *Gravure* sur bois. In-fol. oblong.

44. Gravure in-8 oblong, étendu par terre.

45. Gravure in-8 différente, même composition.

Catherine de Clèves, comtesse d'Eu, sa femme, veuve d'*Antoine* de Croy, prince de Portien, fille de *François* de Clèves, duc de Nevers, et de *Marguerite* de Bourbon-Vendôme, mariée à Paris en 1570, m. à Paris le 11 mai 1633, à 85 ans.

1. L. G. (*Gaultier*), 1588. In-8, au bas 4 vers.

2. *Gourdelle*. In-8.

Portraits en pied.

3. *Dessin* in-fol. B. N. *Gaignières*, t. IX, p. 57.

Catherine de Clèves, suite.

4. *Gravure* in-fol. B. N., maison de Croy. D. à dr.

5. II^{le} L. (*Lecomte*) lith. In-4.

6. Dans *Montfaucon.* In-4.

Et les numéros 39, 40 et 41 de son mari.

LORRAINE (CHARLES), duc de Guise, ci-après.

Lorraine (Claude), *V.* LORRAINE-CHEVREUSE.

Lorraine (Louise-Marguerite de), fille d'Henri I et de Marguerite de Clèves, mariée au château de Meudon le 24 juil. 1605 à *François de Bourbon*, prince de Conty, morte au château d'Eu le 30 avril 1631.

1. *Dessin* en couleur in-fol. B. N. *Gaignières*, t. X, p. 7.

2. Mlle *Prieur* del., lith. in-fol.

3. L. *Gaultier*. In-8.

4. Thomas *de Leu* sculp. In-8, au bas 4 vers :
    Nous fleuretons les ans, les moys et les journées.

5. Dans *Montfaucon* In-8.

6. H L. (*Lecomte*) lith. In-4 en pied.

Lorraine (Louis de), troisième de ce nom, cardinal de Guise, archevêque de Reims, abbé de S.-Denis, de Monstier-en Der, de S.-Denis de Reims, de Cluny, d'Orcamp et de S.-Urbain de Châlons, frère de la précédente, né le 22 janvier 1575, m. à Saintes le 21 juin 1621.

1. Dans *Montfaucon*, In-4.

2. Dans un *carré* in-8. D. à g., ses armes dans la gravure au-dessous d'elles, *cr. à Paulo V*, au bas 2 lig. latines.

3. *Moncornet* ex. In-8. D. à g.

4. En petit dans un carré. D. à dr., *Louis 3 de Guise*.

Lorraine (Achille de), prince de Guise, comte de Romorantin, d'Arnay, Puthange, Ogevilers, Fénestrange, fils du précédent et de *Charlotte* des Essarts, tué en 1668 au siége de Candie, où il commandait un corps d'armée pour les Vénitiens contre les Turcs.

H. *David* fecit. In-fol. major.

LORRAINE (CHARLES DE), duc de Guise et de Joyeuse,

prince de Joinville, souverain de Château-Regnaud, comte d'Eu, pair et grand-maître de France, gouverneur de Provence, amiral des mers du Levant, chev. des O. du roi, fils d'*Henri le Balafré* et de *Catherine* de Clèves, né le 20 août 1571, m. à Cuna, en Italie, le 30 sept. 1640.

1. (*M. Lasne*) Ovale in-fol. D. à dr., au bas 3 lig.

2. Par *Leblond*. In-fol., au bas 4 vers.

3. Dans les triomphes de *Louis* le Juste. In-f.

4. Chez *Daret*. In-4.

5. H. *Jacopsen* excudit. In-4.

6. *Ovale* in-4. D. à dr., au bas 4 lig.

7. *Ovale* in-4. D. à dr., les noms en français sur la bordure, au bas 2 vers latins.

8. *Ovale* in-4. D. à g. Sur l'ovale : Carolus Lotharingius dux Guisiæ gub. provinciæ.

9. Ovale in-4. D. à g., les noms en français sur l'ovale, au bas 2 vers latins.

10. *Franco forma*. In-8.

11. Léonard *Gaultier* fecit. In-8, au bas 4 vers :
Son grand-père entre ces hauts faits.

12. Tho. *de Leu* fe. In-8, au bas 4 vers :
L'Espagnol triomphoit de Marseille captive.

13. B. *Moncornet* excudit. In-8.

14. *Ovale* sans fond. In-8. D. à g., copie du n° 13.

15. Th. *de Leu* fe. Carré in-18.

16. Mich. Van *Lochom* excud. In-18, au bas 4 vers.
Soubs un armet d'assier voy le fils de Bellone.

Henriette-Catherine de Joyeuse, comtesse du Bouchage, sa femme, veuve de *Henri* de Bourbon, duc de Montpensier, fille d'*Henri* de Joyeuse, comte du Bouchage, maréchal de France, puis capucin sous le nom de frère *Ange*, et de *Catherine* Nogaret de la Valette, mariée en 1611, m. à Paris le 25 fév. 1656, à 71 ans.

1. M. *Lasne* deline. et fe. ad vivum 1650. In-fol. ovale, avec cartouches et devises dans les coins du haut.

2. Peint par Ant. *Van Dyck*, gravé par *Jeanneret*. In-4.

Henriette Catherine de Joyeuse, suite.

3. B. *Moncornet* excudit 1657. In-8.

Lorraine (Franç.), prince de Joinville, fils des deux précédents, né le 3 av. 1612, m. en Italie le 7 nov. 1639.

Tableau du temps, *gal.* de Versailles, 2196. In-8.

LORRAINE (Henri II), ci-après.

LORRAINE (Louis). V. *Lorraine-Joyeuse*.

Lorraine (Roger de), chev. de Guise, frère du précédent, né le 21 mars 1624, fut reçu chev. de Malte, m. à Cambray le 6 sept. 1653, enterré à Joinville.

B. *Moncornet* ex. In-8.

Lorraine (Marie de), duchesse de Guise et de Joyeuse, princesse de Joinville, dite *mademoiselle de Guise*, sœur des précédents, née le 15 août 1615, m. en son hôtel à Paris le 3 mars 1688.

1. Petrus *Mignard* pinxit, Ant^us *Masson* delineavit et sculpsit 1684. In-fol.

2. V. *Merlen* f. In-fol. ovale. D. à g., vu jusqu'à mi-cuisses, dans les coins du haut 2 couronnes et le chiffre M. G.

3. B. *Moncornet* excudit. In-8.

4. *Picart* Rom^us del. 1686. In-8 gravure.

LORRAINE (Henri II de), duc de Guise, prince de Joinville, comte d'Eu et de Forest, pair et grand-chambellan de France, sénéchal héréditaire de Champagne, généralissime des armées de la république de Naples, frère des précédents, né à Paris le 4 av. 1614, m. à Paris le 2 juin 1664 ; jeune, fut pourvu des abbayes de S.-Denis en France, de S.-Rémy et de S.-Nicaise de Reims, de S.-Pierre de Corbie, de Fécamp, du mont S.-Michel, de S.-Martin de Pontoise, de Chambon et de Monstier-en-Der, puis nommé archevêque de Reims. Son frère aîné étant mort, il renonça à l'état ecclésiastique pour suivre le parti des armes.

En costume ecclésiastique.

1. M. L. (*Lasne*) dans un carré in-fol. D. à g., coiffé de la barette, avec draperies à dr. et à g.

Lorraine (Henri II de), suite.

2. *Debout* in-fol. oblong, composition allégorique; il est en archevêque.

3. *Assis.* D. à g. dans un carré in-f., tient le cordon de sa croix, au bas : *Omnia si cernas mundi miracula toto, etc.*

4. E. *Moreau* fe. In-fol., à genoux. D. à g., la ville de Reims dans le fond; dans le haut, des anges le regardent. *En costume* militaire.

5. Joua. *Comin* fe. In-fol.

6. *Cundier* sculp. In-fol.

7. *Ganier* fe. cu. privi. reg. Ovale in-f. D. à g.

8. *Cilermans* pinx., J. *Morin* scul. In-fol.

9. Le nº 8 réduit à l'*ovale*, imprimé dans un passe-partout in-fol. *Henri duc de Guise.*

10. *Ovale* de feuilles de chêne. In-f. D. à dr., au bas 4 lig.

11. L. *Hans* pinx., Ægid. *Rousselet* sculp., 1656. In-fol.

12. N. *De Larmessin* sculpebat, 1662. In-4. D. à g.

13. N. *Larmessin* scul. In-4. D. à dr.

14. Petrus *de Jode* exc. Cintre in-4. D. à dr.

15. B. *Moncornet* ex. Octogone in-4.

16. Giouanni *Orlandi* forma ro. In-4.

17. *Gal.* de Versailles, 2197. In-8.

18. Thomas *de Leu* fe. et ex., profil à g. In-8. Sur la bordure : *Henri de Lorraine S. de Ginville à présent duc de Guise.*

19. B. *Moncornet* ex. In-8.

20. *Ovale* in-8, copie du nº 8, avec 3 lig. D. à g.

21. Tête dans un *ovale* in-8, au-dessous ses armes.

22. *Profil* à dr. In-8. Sur la bordure : *Henri de Lorraine S. de Ginville à présent duc de Guise.*

Portraits en pied ou à cheval.

23. Dessin en couleur. In-f. B. N. *Gaignières*, t. X, p. 60.

24. Lith. de *Delpech.* In-4.

25. *Daret* ex. In-fol. à cheval.

26. In-fol. à cheval pour un carrousel : *le duc de Guyse, roy ameriquain.*

Anne de Gonzague-Clèves, sa première femme, fille de *Charles I* de Gonzague-Clèves et de *Catherine* de Lorraine, mariée en 1639, séparée peu après son mariage.

1. G. *Rousselet* sculp. Ovale in-fol. D. à dr.

2. *Mignard* pinxit, *Bertonnier* sculp^t. In-8.

3. Tableau du temps, *gal.* de Versailles, 2450. In-8.

Honorine de Grimberge, comtesse de Bossu, sa deuxième femme, veuve d'*Albert-Maximilien Hénin,* comte de Bossu, fille de *Godefroy* de Gleime-Bergues, comte de Grimberge, mariée à Bruxelles le 11 nov. 1641, m. au mois d'août 1670.

1. *Morin* scul. In-fol.

2. Ant. *Van-Dyck* pinx. *Morin* scul. Octogone in-fol. D. à dr.

3. *Octogone* in-4. D. à g., au bas 2 lignes françaises.

LORRAINE-JOYEUSE.

LORRAINE (Louis de), duc de Joyeuse et d'Angoulême, comte d'Alais, pair et grand-chambellan de France, colonel-général de la cavalerie légère, fils de *Charles,* duc de Guise, et d'*Henriette-Catherine* de Joyeuse, né le 11 janv. 1622, m. à Paris le 27 sept. 1654 des suites d'une blessure reçue au siége d'Arras.

1. J. *Frosne* sculpsit. In-4.

2. B. *Moncornet* ex. In-8.

3. Peint par Phil. de *Champagne,* gal. de Versailles. In-8.

Marie-Françoise de Valois, sa femme.

LORRAINE (Louis-Joseph de), duc de Guise, de Joyeuse et d'Angoulême, prince de Joinville, comte d'Alais et de Ponthieu, pair de France, fils des deux précédents, né le 16 août 1650, m. de la petite-vérole à Paris, en l'hôtel de Guise, le 30 juil. 1671.

Mellan del. et sc., 1659. In-fol., ovale avec guirlandes de feuilles de chêne. D. à g.

Élisabeth-Charlotte d'Orléans, duchesse d'Alençon, dite *mademoiselle d'Alençon,* sa femme, fille de *Gaston,* duc *d'Orléans,* et de *Marguerite de Lorraine,* née à Paris le 26 déc. 1646, mariée à S.-Germain le 15 mai 1667, veuve le 31 juil. 1671, m. à Versailles le 17 mars 1696.

1. *Mignard* pinxit, Jean *Van der Bruggen* fecit. In-f.
2. *Smith* (*Lelong*).
3. *Larmessin* sculpsit. In-4.
4. Chez la veuve *Moncornet.* Octogone in-4.
5. *Gal.* de Versailles, n° 2256. In-8.
6. N. *Habert* ad vivum fe., 1678. In-8.

LORRAINE (FRANÇOIS JOSEPH DE), duc de Guise, de Joyeuse, d'Alençon et d'Angoulême, prince de Joinville, comte d'Alais, pair de France, fils des deux précédents, né à Paris le 28 août 1670, m. au palais du Luxembourg le 16 mars 1675.

Ant. *Paillet* pinxit 1674. Guill. *Vallet* sculp. Ovale in-fol. D. à g.

LORRAINE-CHEVREUSE.

LORRAINE (CLAUDE DE), duc de Chevreuse, pair, grand-chambellan et grand-fauconnier de France, chev. des O. du roi, successivement gouverneur de la Haute et Basse-Marche, d'Auvergne, du Bourbonnais et de Picardie, fils d'*Henri le Balafré* et de *Catherine de Clèves,* né le 5 juin 1578, m. d'apoplexie à Paris le 24 jan. 1657, porta d'abord le titre de prince de *Joinville.*

1. **L. G.** (*Gaultier*). In-4. D. à g., enfant : sur la bordure dans le haut : *M. le prince de Joinville,* au bas 4 vers :
> Dinin sang guizien jeune race de Mars.

2. Juste d'*Egmont* pinx., R. *Lochon* sculp. 1654. In-fol.
3. Chez *Daret.* In-4.
4. *Gal.* de Versailles, n° 2129. In-8.
5. B. *Moncornet* excud. In-8. D. à dr., au bas 4 vers.
6. Balthasar *Moncornet* excudit. In-8. D. à g.
7. Jaspar *Isac* ex. In-18, au bas 4 vers :
> Grand prince souverain enrichi de louange.

8. Mich. *Van Lochom* excud. In-18, avec les vers du n° 7.

Marie de Rohan, sa femme, veuve d'*Albert*, duc de *Luynes*, connétable de France, fille d'*Hercule de Rohan*, duc de Montbazon, et de *Marie d'Avaugour de Bretagne*, mariée en 1622 m. à Gaigny près Chelles le 13 août 1679, en sa 79ᵉ année.

1. Zⁿ *Belliard* lith. In-fol.
2. Chez *Daret* 1653. In-4.
3. *Ferdinand* pinxit, *Balechou* sculp. In-8.
4. Lith. de *Delpech*. In-8.
5. *Gal.* de Versailles, nᵒ 2130. In-8.
6. *Harding* sc. In-8.
7. *Harding* sc. In-8, différent.
8. Suite de *Moncornet*. In-8. D. à dr., au bas 3 lig.
9. Dessiné par *Dugoure*, et gravé par *Lebert* 1784. In-18.
10. L. *Marckl. Lesestre*. In-4 sur bois en pied.

LORRAINE (Charlotte-Marie), demoiselle *de Chevreuse*, fille des précédents, née en 1627 à Richemont, en Angleterre, m. à Paris le 7 nov. 1652.

1. Chez *Boissevin, Daret*. In-4.
2. *Gal.* de Versailles, nᵒ 2280. In-8.
3. B. *Moncornet* ex. In-8.

LORRAINE-MAYENNE.

LORRAINE (Charles de), duc de Mayenne, pair, amiral et grand-chambellan de France, chev. des O. du roi, lieut.-gén., gouverneur de Bourgogne, fils de *François de Lorraine*, duc de Guise, et d'*Anne d'Est*, né le 26 mars 1554 à Alençon, *Orne*, m. à Soissons le 4 oct. 1611. Il fut chef de la Ligue après la mort de son frère *Henri* le Balafré.

1. Zⁿ *Belliard* lith. In-fol.
2. Fait par *Leblond*, buste demi-nature, au bas :

> Mon pére mes ayevx mes oncles et mes freres
> Povr l'honnevr des Fransoys ont sovvent combattv
> Mais de savlver l'Estat et la foy de levrs péres
> C'est vn point qvi n'est dv qva ma sevlle vertv.

3. Dans les triomphes de *Louis* le Juste. In-fol.
4. D. C. (*custodis*). In-4.

5. *Dessin* à l'encre de Chine. In-4. B. N.

6. *Franco forma*. In-4.

7. *Ovale* in-4. D. à dr., les noms sur la bordure, au bas 2 vers latins.

8. *Ovale* in-4. D. à dr. Sur l'ovale : *Charles de Lorraine, duc du Meine et* G. C. D. F.

9. *Ovale* in-4. D. à dr., au bas 4 lig. françaises.

10. *Ovale* in-4. D à g., les noms sur l'ovale.

11. A. *D.* pinx., M. *Aubert* sculp. In-8.

12. Lith. de *Delpech*. In-8.

13. Tableau du temps, *gal*. de Versailles, 1207. In-8.

14. L. G. (*Gaullier*). In-8, au bas 4 vers :

   Dans le fresle circuit de cette ronde image.

15. L. G. (*Gaullier*) carré. In-8.

16. *Harrevin* fecit. In-8.

17. *Harrewyn* sculpsit brux. In-8.

18. Thomas *de Leu* fe. et excudit. In-8, avec 4 vers.

   Vrayment l'on failliroit, o puissant duc du Mayne.

19. *Catharina* Lotharinga f. In-8. D. à dr.

20. *Mantuanus*. In-8. Sur la tablette, 3 lig. latines

21. Suite de *Moncornet* In-8. D. à dr., au bas 2 lig.

22. *Ovale* in-8. D. à dr., au bas les vers du n° 18.

23. *Ovale* sans fond. In-8. D. à dr., copie du n° 4.

24. *Ovale* in-8. D. à dr., les noms sur la bordure et 3 lig. latines sur la tablette.

25. *Ovale* in-8. D. à g., les noms sur l'ovale.

26. In-18, *Médaille* et revers, fondue en 1590 au sujet de la bataille d'Ivry.

27. *Dessin* au cabinet *Fontette* (Lelong)

Portraits debout, à genoux, assis.

28. *Dessin* in-fol. B. N. *Gaignières*, t. IV, p. 26. F. à genoux.

29. *Debout*, dans Schrenkius. In-fol. D. à g.

30. *Debout*, æt. 47, 1590, *Suisse* scul. In-8, 4 vers :

   Qui spumantis equi furias qui sistere cursus.

31. *Assis*. H⁰ L. (*Lecomte*) lith. In-4.

— 111 —

Henriette de Savoye-Villars, sa femme.

LORRAINE (Henri de), duc de Mayenne et d'Aiguillon, pair et grand-chambellan de France, chev. des O. du roi, gouverneur de l'Ile-de-France et de Guienne, fils des deux précédents, né le 20 déc. 1578 à Dijon, *Côte-d'Or*, tué d'un coup de mousquet au siége de Montauban le 17 sept. 1621.

1. Chez *Daret*. In-4.

2. Coll⁰ⁿ du ch⁽ᵉᵃ⁾ d'Eu, n° 2132. In-8.

Lorraine (Rénée), sœur du précédent, mariée en 1613 à *Marie Sforce*, duc d'Oguano, comte de Santa-Fiore, m. à Rome le 23 sept. 1638.

Ancien tableau, *gal.* de Versailles. In-8.

LORRAINE (Claude de), duc d'Aumale, pair et grand-veneur de France, chev. de l'O. du roi, colonel-général de la cavalerie légère, lieut.-général au gouvernement de Bourgogne, fils de *Claude de Lorraine*, duc de Guise, et d'*Antoinette de Bourbon*, né le 1 août 1526, tué d'un coup de canon au siége de La Rochelle le 14 mars 1573.

1. *Mauzaisse* lith. In-fol.

2. Profil à dr., *médaille* et revers. In-8.

3. Profil à dr., *médaille* et revers. In-18.

Louise de Brézé, sa femme.

LORRAINE (Charles de), ci-après.

Lorraine (Claude de), dit le *chevalier d'Aumale*, abbé du Bec, de S.-Père-en-Vallée, chev. de Malte, général des galères de la religion, fils des précédents, né le 10 fév. 1564, tué à l'attaque de S.-Denis le 3 janv. 1591, âgé de 28 ans.

1. *Mauzaisse* lith. In-fol.

2. Thoma. *de Leu* fecit Ovale in-8. D. à dr. Sur l'ovale : *anno ætatis suæ vigesimo quinto*, au bas 4 vers :

    Ce vaillant prince armé est un Mars furieux.

3. *Osmant Want* fe. In-8, au bas les mêmes vers.

LORRAINE (Charles de), duc d'Aumale, pair et grand-veneur de France, chev. des O. du roi, gouverneur de

Picardie, frère du précédent, né le 25 janv. 1555, m. à
Bruxelles en 1631.

1. *Ovale* in-8. D. à dr., les noms sur l'ovale, des larmes
dans les coins, au bas 4 vers :

<blockquote>Paris très catholique et à Dieu plus fidelle.</blockquote>

2. *A genoux*. Dessin in-f. B. N. Gaignières, t. IX,
p. 26. G.

Lorraine (Marguerite de), fille du précédent et de *Marie
de Lorraine*.

Par Jehan *Leblond*. In-fol.

<h3 style="text-align:center">LORRAINE-ELBEUF.</h3>

LORRAINE (René de), marquis d'Elbeuf.

Louise de Rieux, comtesse d'Harcourt, dame de Rieux et
d'Ancenis, sa femme, fille de Claude, sire de Rieux, comte
d'Harcourt, et de Susanne de Bourbon-Montpensier, mariée
le 3 fév. 1554.

1. Buste demi-nature, *dessin*. B. N. *Gaignières*, t. IX,
p. 58.

2. Dans *Montfaucon*. Copie in-4, Mme *d'Elbeuf*.

LORRAINE (Ch. de), duc d'Elbeuf, fils des précédents.

Marguerite Chabot, comtesse de Charny, sa femme, fille
de *Léonor Chabot*, comte de Charny et de Busançois, et
de *Françoise de Rye*, dame de Longwy ; elle m. à Paris le
29 sept. 1652, à 87 ans.

1640 *Daret* ex. Gravure octogone in-4.

LORRAINE (Charles II de), ci-après.

LORRAINE (Henri de), *V. Lorraine-Armagnac*.

Lorraine (Henriette de), fille de *Charles I* et de *Marguerite Chabot*, nommée abbesse de N.-D. de Soissons en 1643,
m. le 24 janv. 1669 dans sa 77ᵉ année.

Dans un *carré*. In-8. D. à g., au bas 3 lig.

LORRAINE (Charles II de), duc d'Elbeuf, comte d'Harcourt, de Lillebonne et de Rieux, pair de France, chev. des
O. du roi, gouverneur de Picardie, frère de la précédente,
né en 1596, m. à Paris le 5 nov. 1657.

1. *Humbelot* sc. Ovale in-fol. D. à dr., dans les coins du haut le chiffre C. D. L.

2. Dans les triomphes de *Louis* le Juste. In-fol.

3. B. *Moncornet* excudit. In-8.

4. Balthasar *Moncornet* excud. In-8, au bas 4 vers :

> Tandis que le bonheur, partisan de ta gloire.

5. *Ovale* in-8. D. à g., les noms sur l'ovale, une branche de laurier et une palme dans la gravure, au bas 4 vers :

> Mars se logea dedans ces yeux.

6. Michel *Van Lochom* excudit. In-18, au bas 4 vers :

> Tandis que le bonheur, partisan de ta gloire.

7. *A genoux.* Dessin in-fol. B. N. *Gaignières*, t. IX, p. 26 v.

Catherine-Henriette légitimée de France, sa femme, fille d'*Henri IV* et de *Gabrielle d'Estrées*, mariée en fév. 1619, m. à Paris le 20 juin 1663 à 67 ans.

P. *Vary* pinxit, J. *Frosne* sculpsit 1659. Ovale in-f. avec fleurs de lys et croix de Lorraine dans les coins. D. à g.

LORRAINE (FRANÇ.-MARIE), V. *Lorraine-Lillebonne*.

Lorraine (An.-Élisab. de), V. *Lorraine-Vaudémont*.

Lorraine (Suzanne-Henriette de), fille de *Charles III*, duc d'*Elbeuf*, et de *Françoise de Montaut*, née le 1 fév. 1686, mariée à Milan le 8 nov. 1704 à *Charles IV de Gonzague*, duc de Mantoue, veuve en 1708, m. à Paris le 16 déc. 1710.

1. Chez J. *Mariette*. In-fol. en pied : *princesse de Mantoue*.

2. Chez J. *Mariette*. In-fol. en pied : *Mme la duchesse de Mantoue*, Armande-Charlotte de Lorraine (il y a erreur dans les prénoms).

Lorraine (Armande-Charlotte de), *demoiselle d'Elbeuf*, fille d'*Henri*, duc d'Elbeuf, et d'*Anne-Charlotte de Rochechouart*, née le 15 juin 1683, m. sans alliance le 18 déc. 1701.

Chez H. *Bonnart*. In-f. en pied : *mademoiselle d'Elbeuf*.

LORRAINE-LILLEBONNE.

LORRAINE-LILLEBONNE (FRANÇOIS-MARIE).

Anne légitimée *de Lorraine*, sa deuxième femme.

LORRAINE (Charles-François de), prince de Commercy, comte de Ronay, général de cavalerie au service de l'empereur, fils des deux précédents, né le 11 juil. 1661, tué à la bataille de Luzzara le 15 août 1702.

1. *Ovale* in 8. Sur la tablette : *Charles de Lorraine | prince de Commercy*.

2. *Dieu* pinxit, N. *Arnoult* fecit. In-fol. en pied.

3. *Ertinger* fe. In fol. en pied.

Lorraine (Béatrice-Hiéronime), demoiselle de *Lillebonne*, abbesse de Remiremont, sœur du précédent, née le 1 juil. 1662, nommée abbesse en 1711, m. en 173 .
Mademoiselle de Lillebonne.

1. Chez H. *Bonnart* 1696. In-fol. en pied.

2. Chez J. *Mariette*. In-fol. en pied.

3. Chez *Trouvain*. In-fol. en pied.

Lorraine (Élisabeth-Thérèse de), sœur des précédents, née le 5 av. 1664, mariée le 7 oct. 1691 à *Louis de Melun*, prince d'Épinay, veuve le 24 sept. 1704, m. le 7 mars 1748.

1. Chez *Crépy*, avec ornements. In-8.

2. R. B. del., H. *Bonnart*. In-fol., debout.

3. Chez A. *Trouvain* 1695. In-fol., assise.

LORRAINE-HARCOURT-ARMAGNAC.

LORRAINE (Henri de), comte d'Harcourt, d'Armagnac, de Charny et de Brionne, vicomte de Marsan, chev. des O. du roi, grand-écuyer de France, sénéchal de Bourgogne, fut général de l'armée navale en 1637, gouverneur de Guienne en 1642, ambassadeur en Angleterre en 1643, vice-roi de Catalogne en 1645, gouverneur d'Alsace en 1649, puis d'Anjou, fils de *Charles I, duc d'Elbeuf*, et de *Marguerite de Chabot*, né le 20 mars 1601, m. dans l'abbaye de Royaumont le 13 août 1666.
Portraits in-fol.

1. *Dessin* à la sanguine B. S. G., portefeuille, p. 109.

2. *Mignard* pinx., *Edelinck* sculp.

3. S. *Gribelin* pinx., *Humbelot* sculp

4. *Landry* sculp. 1660. D. à g.

5. *Mignard* pin., Auto. *Masson* sculp. 1667.

6. Chez Jean *Leblond*, au bas 12 vers :
> Les havres estrangers, nos isles et nos ports.

7. Ph. *Champagne* pinx., J. *Morin* sculp.

8. Chez *Bligny*, le n° 6 réduit à l'ovale et imprimé dans un passe-partout.

9. Dans les triomphes de *Louis* le juste.

Portraits in-4.

10. *Daret* sc., octogone. D. à dr.

11. Chez *Daret*. Ovale. D. à g.

12. N. *de Larmessin* sculpebat 1663.

13. Antverpiæ apud Petrum *de Jode*.

14. A. *Bloem* deli. Cor. *Meyssens* fc., Viennæ.

15. B. *Moncornet* exc. 1663. Octogone.

16. *Ovale*. D. à dr., décoré du S.-Esprit, au bas 2 lig.

17. *Ovale*. D. à g. *Errico di Lorena co. d'Arcourt*.

18. *Sergent* del., *Ridé* sculp' 1787.

Portraits in-8.

19. Dessiné par *Massard*, gravé par *Brown* et *Breval*.

20. Nic. *Mignard* pinx., *Fiquet* sculp.

21. W. *Jonckmann* fec.

22. B. *Moncornet* excudit, au bas 4 vers :
> Les plus fameux exploits que l'on pourroit dépeindre.

23. B. *Moncornet* excudit, au bas 4 vers :
> La terre et la mer cèdent à ce vainqueur.

24. *Ovale*. D. à dr , la ville de Turin à dr. dans l'estampe, au bas 2 lig.

25. *Ovale* sans fond avec 3 lig. D. à dr.

Portraits in-12 et in-18.

26. Procédé de A. *Collas*.

27. *Mignard* pinx., *Landon* direx.

Portraits en pied et à cheval.

28. En pied. In-fol., au bas 4 vers :
> L'honneur qu'il s'est acquis est si grand et si juste.

Henri I de Lorraine-Harcourt-Armagnac, suite.

29. J. *Humbelot* sculp. In-fol. à cheval.

30. Chez *Moncornet*. In 4 à cheval.

Marguerite de Cambout, sa femme, veuve d'*Antoine de L'aage* duc de Puylaurens, fille de *Charles* de Cambout, marquis de Coislin et de *Philipes de Beurges*, mariée en fév. 1639, m. d'apoplexie à Paris le 9 déc. 1674, âgée de 52 ans.

1. 1640 *Daret* scul. et ex. Octogone in-4.

2. B. *Moncornet* excudit. In-8.

3. Par Baltazar *Moncornet*. In-8.

LORRAINE (Louis de), ci-après.

LORRAINE (Philippe de), dit *le chevalier de Lorraine*, se fit appeler ensuite *le prince de Lorraine*, chevalier des O. du roi et de Malte, abbé de S.-Jean-des-Vignes, de S.-Benoît-sur-Loire, de S.-Pierre-en-Vallée, de la Trinité et de Tiron, fils des deux précédents, né à Paris en 1643, m. le 8 déc. 1702.

1. Tableau du temps, *gal.* de Versailles, n° 2281. In-8.

2. Chez A. *Trouvain*. In-fol. en pied : *Mr le chevalier de Lorraine*.

Lorraine (Alphonse-Louis de), chevalier de Malte, abbé de Royaumont, général des galères de la religion, dit *le chevalier d'Harcourt*, frère du précédent, né en 1644, m. d'apoplexie à Paris le 6 juin 1689.

H. *Renaud* Lotharing. invent. et fecit, *Thomassin* sculptor regius, médaillon in-48 avec celui de son père sur une gravure in-fol. : *le tombeau* de S. A. monseigneur Henri de Lorraine, grand-écuyer de France et de monseigneur le chevalier d'Harcourt son fils ; érigé par le sieur *du Bignon* son intendant en 1695.

Lorraine (Raimond-Bérenger de), abbé de S.-Faron de Meaux, frère des précédents, né à Barcelonne le 4 janvier 1647, mort subitement en août 1686.

Clau. *Lefebure* delineavit, Petrus *Landry* sculpt 1661. In-fol.

LORRAINE (Charles de), V. *Lorraine-Marsan*.

Lorraine (Armande-Henriette de), abbesse de N.-D. de Soissons, sœur des précédents, née le 7 janv. 1640, m. à Paris le 29 mai 1684, enterrée dans son abbaye.

1. A. *Barthelemy* pinxit, P. *Van Schuppen* fecit 1684. In-fol.

2. P. *Mignard* pinx., A. *Trouvain* sculp. In-4.

LORRAINE (Louis de), comte d'Armagnac, de Charny, de Brionne, vicomte de Marsan, grand-écuyer de France, sénéchal de Bourgogne, gouverneur d'Anjou, chev. des O. du roi, frère des précédents, né à Paris le 7 déc. 1641, m. le 13 juin 1718.

N. *de Larmessin* sculp. In-fol. D. à dr., au bas 6 vers :
Illustre fils, du plus illustre père.

Catherine de Neufville, dame du palais de la reine *Marie-Thérèse*, sa femme, fille de *Nicolas de Neufville*, duc de Villeroy, et de *Marguerite de Créquy*, mariée à Paris le 7 oct. 1660, m. à Versailles le 25 déc. 1707, âgée de 68 ans.

1. *Grignon* fe. In-fol.

2. Tableau du temps, *gal.* de Versailles 2377. In-8.

3. Da. N. *Billy.* In-fol. en pied.

4. R. B. del., N. *Bonnart.* In fol. en pied.

5. Chez N. *Bonnart.* In-8 en pied : Mme *la comtesse d'Armagnac.*

LORRAINE (Henri II de), ci-après.

Lorraine (François-Armand de), docteur en théologie, évêque de Bayeux, abbé de Royaumont, de Chateliers, de S.-Faron et de Monstier-en-Der, primat de Nancy, fils de *Louis* et de *Catherine de Neufville*, né le 13 fév. 1665, m. à Paris le 9 juin 1728.

1. Steph. *Gantrel* sculp. In-8, *abbé.*

2. R. *Tournière* pinxit, F. *Chereau* sculpsit. In-fol.

3. J. Ch. *Flipart* sculp. In-fol.

4. *Ovale* in-4. D. à dr., les titres en latin sur l'ovale.

5. Chez *Crépy.* In-8.

6. Chez E. *Desrochers.* In-8.

7. *Ovale* in-18. D. à dr., avec 2 lig. allemandes.

8. *Mathey* fecit, buste. In-18.

Lorraine (Charles de), dit *le prince Charles*, comte d'Armagnac, grand-écuyer de France, lieut.-général, gouverneur de Picardie et d'Artois, chev. des O. du roi, frère du précédent, né le 22 fév. 1684, m. en 1751.

In-fol. en pied, pour le sacre de Louis XV : *costume de seigneur*, nommé pour porter la queue du manteau royal.

Lorraine (Marguerite de), sœur des précédents, née le 17 nov. 1662, mariée le 26 juil. 1675 à *Nuno Alvarès Pereira de Portugal-Mello*, duc de Cadaval, et sa troisième femme, veuve en 1727, m. à Lisbonne le 16 déc. 1730.

R. *B.* del., N. *Bonnart.* In-fol. en pied : un perroquet sur l'index de la main dr.

Lorraine (Marie de), sœur des précédents, née le 12 août 1674, mariée le 13 juin 1688 à *Antoine de Grimaldi*, duc de Valentinois, prince de Monaco, morte à Monaco le 30 oct. 1724 dans sa 51ᵉ année.

1. Chez *Berey*. In-fol.

2. R. B del., chez N. *Bonnart.* In-fol.

3. R. B. del., chez Henry *Bonnart* 1694. In-fol.

4. R. B. del. N. *Bonnart.* In-fol., un perroquet sur l'index de la main dr.

5. Chez H. *Bonnart.* In-fol., assise.

6. Chez J. *Mariette.* In-fol., en habit de bal.

7. Chez *Trouvain* 1694. In-fol., en habit de bal.

8. Chez *Trouvain.* In-4.

9. Chez *Bonnart.* In-8.

Lorraine (Charlotte de), dite *mademoiselle d'Armagnac*, sœur des précédents, née le 6 mai 1677, m. le 21 janv. 1757.

1. Chez *Berey*. In-fol. en pied.

2. R. B. del., chez Henry *Bonnart.* In-fol. en pied.

. Chez *Trouvain.* In-fol. en pied.

4. Chez A. *Trouvain* 1695. In-fol. en pied.

LORRAINE (Henri II de), comte de Brionne, chev. de O. du roi, grand-écuyer en survivance, né le 15 nov. 1661, m. à Versailles le 3 av. 1712.

1. N. *de Largillière* pinxit. J. *Lubin* sculpsit. In-fol.

2. Chez *Berey*. In-fol. en pied : *M* le c* de Brionne*.

LORRAINE (Louis II de), prince de Lambesc, comte de Brionne et de Braine, grand-sénéchal héréditaire de Bourgogne, gouverneur d'Anjou, des ville et château d'Angers et du pont de Cé, brigadier des armées du roi, fils du précédent et de *Marie-Madeleine d'Épinay*, né le 18 fév. 1693, m. à Paris le 9 sept. 1743.

An. *Demare* Priorissa de S.-Calais pinxit, L. *Cars* sculpsit. In-fol.

LORRAINE (Charles-Eugène de), prince de Lambesc, duc d'Elbeuf, pair et grand-écuyer de France, gouverneur et lieut.-général de la province d'Anjou, gouverneur particulier des ville et château d'Angers et du pont de Cé, grand-sénéchal héréditaire de Bourgogne, brigadier de cavalerie et colonel-propriétaire du régiment royal-allemand, blessa plusieurs personnes dans un rassemblement en 1789 ; mis en jugement, il fut acquitté, émigra, prit du service en Autriche, obtint le grade de feld-maréchal ; né en 1751 de *Louis-Charles de Lorraine* et de *Louise-Julie-Constance de Rohan-Guéméné*, m. à Vienne en Autriche le 20 nov. 1825.

Patas sc. In-8 en pied pour le sacre de *Louis XVI :* habillement du prince pour porter la queue du manteau royal.

LORRAINE comtes de MARSAN, sires de PONS.

LORRAINE (Charles de), comte de Marsan, sire de Pons, prince de Mortagne, souverain de Bedeilles, chev. des O. du roi, fils d'*Henri, comte d'Harcourt*, et de *Marguerite-Philipe de Cambout*, né le 3 av. 1648, m. le 13 nov. 1708.

1. H. *Bonnart*. In-fol. en pied.

2. Chez A. *Trouvain* 1695. In-fol. en pied.

3. Seb. *Leclerc* f. In-f., petit buste à son catafalque.

Catherine-Thérèse de Matignon, marquise de Lonray, sa deuxième femme, veuve de J*-Bap* *Colbert, marquis de*

Seignelay, fille d'*Henri Goyon de Matignon*, comte de Thorigny, et de *Françoise le Tellier* de la Luthumière, mariée en janv. 1696, m. en couches à Paris le 7 déc. 1699.

1. N. *Arnoult* fec. In-fol. en pied.

2. Chez *Bonnart* 1694. In-fol. en pied.

3. R. B. del., chez N. Bonnart. In-fol. en pied : *Mme de Seignelay*.

4. Chez A. *Trouvain* 1694. In-fol. en pied : *Mme de Seignelay*.

5. Chez *Trouvain*. In-fol. en pied : *Comtesse de Marsan*.

FIN.